Name: ···

···

UNLOCKiNG ARaBiC

TRACING ARABIC QURAN
CHAPTERS 17-18

SERIES
UNLOCKiNG ARaBiC: A SiMPLE PATH TO MASTERY

CHILDREN & ADULTS

ENGLISH EDITION

© 2025 Canada Universal School

Design and revision for accuracy by: Taoufik El Goussi, BBA, MBA, CPA, CGA

Table of Contents

Part 1

About This Series:
Unlocking Arabic: A Simple Path to Mastery

This series is designed primarily for learners who are beginning their journey in Arabic as a second language. "Unlocking Arabic" will help you uncover the secrets of the Arabic language through a step-by-step approach that takes you from foundational skills to advanced proficiency. Whether you're just starting or looking to refine your abilities, this series equips you with the tools and confidence to master the language.

The series is organized into four key blocks of workbooks:
Block 1: Tracing the Arabic Alphabet and Words
Block 2: Tracing the Arabic Quran Chapters
Block 3: Arabic Grammar
Block 4: Reading Comprehension

Whether you're Muslim or non-Muslim, learning Arabic opens up incredible opportunities and brings invaluable richness to your life. As one of the Semitic languages, Arabic is one of the world's most widespread languages. It is also one of the six official languages of the United Nations and serves as the liturgical language of nearly a quarter of the planet's population.

About This Activity Book

This activity book is part of **Block 2** of the Unlocking Arabic series, focusing on tracing Quranic text. It is designed to help you master Arabic handwriting while also enhancing your memorization, grammar, and vocabulary.

Whether you're a child or an adult with a basic understanding of Arabic pronunciation and writing, this book is perfect for you! **If you're a complete beginner**, it's recommended to start with the **Block 1** workbooks.

As you trace the letters and words, be sure to pronounce them aloud. You'll notice significant improvement in your handwriting, grammar, and vocabulary. Dive in and watch your Arabic skills grow regardless of your age!

Why Tracing Matters?

Researches have shown that handwriting can enhance memory and understanding, helping to imprint information in the brain more effectively than typing on a computer. Handwriting also improves fine motor skills, letter recognition, spelling, grammar, memory, comprehension, creativity, and attention to detail, while strengthening the muscles in the fingers and hand.

Since most Arabic language rules are derived from the Quran, tracing Quranic text not only helps improve handwriting but also effortlessly enhances grammar and vocabulary, often subconsciously!

Letters of the Arabic Alphabet

● The following are the **28** letters of the Arabic alphabet.

1	Alif (ا)	8	Dal (د)	15	Dhad (ض)	22	Kaf (ك)
2	Ba (ب)	9	Thal (ذ)	16	Taa (ط)	23	Lam (ل)
3	Ta (ت)	10	Ra (ر)	17	Dhaa (ظ)	24	Meem (م)
4	Tha (ث)	11	Zay (ز)	18	Ayn (ع)	25	Noon (ن)
5	Jeem (ج)	12	Seen (س)	19	Ghayn (غ)	26	Ha (ه)
6	Hha (ح)	13	Sheen (ش)	20	Fa (ف)	27	Waw (و)
7	Kha (خ)	14	Sad (ص)	21	Qaf (ق)	28	Ya (ي)

● Some scholars consider a **29**th letter, called **Hamza (ء)**, while others regard it as a variant of Alif or give it a special status.

● All Arabic letters are **consonants**. However, Arabic has a separate **system of vowels** (called Shakal), which will be briefly introduced after the warm-up section, where you will trace just the basic forms of the Arabic letters without Shakal.

Important Facts

- Arabic is written and read from **right** to **left**.

- Arabic letters do not have **uppercase** or **lowercase** forms. Each letter has a single form, though it may change slightly depending on whether it appears at the **beginning**, **middle**, or **end** of a word.

- In most words, the letters are **joined together**, similar to handwriting in English. However, some letters, such as **Alif**, cannot be joined due to practical reasons, as their attachment could cause confusion with other letters.

- There are no distinct **printing** and **handwriting** forms in Arabic, as there are in English. In fact, you can consider Arabic to be entirely in **handwritten form**, since most letters in a word are connected.

Warm-Up: Tracing the Arabic Alphabet

Do not trace randomly. **Follow the guidelines** from **right to left** to develop a better habit of good and quick handwriting.

Trace the Letter: Alif

Do not trace randomly. Follow the guidelines from right to left to develop a better habit of good and quick handwriting.

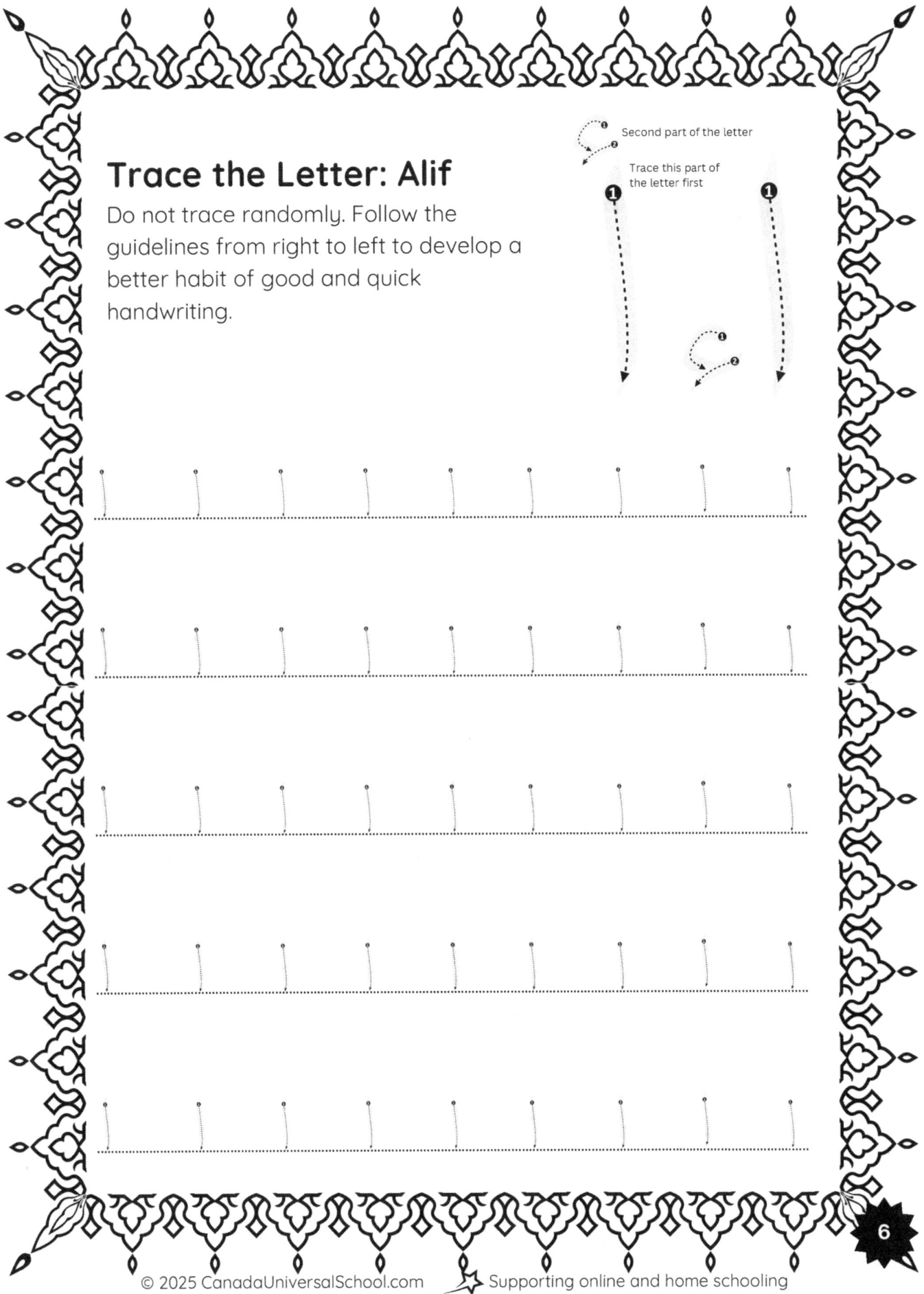

Supporting online and home schooling

Trace the Letter: Alif

(a variant)

Do not trace randomly. Follow the guidelines from right to left to develop a better habit of good and quick handwriting.

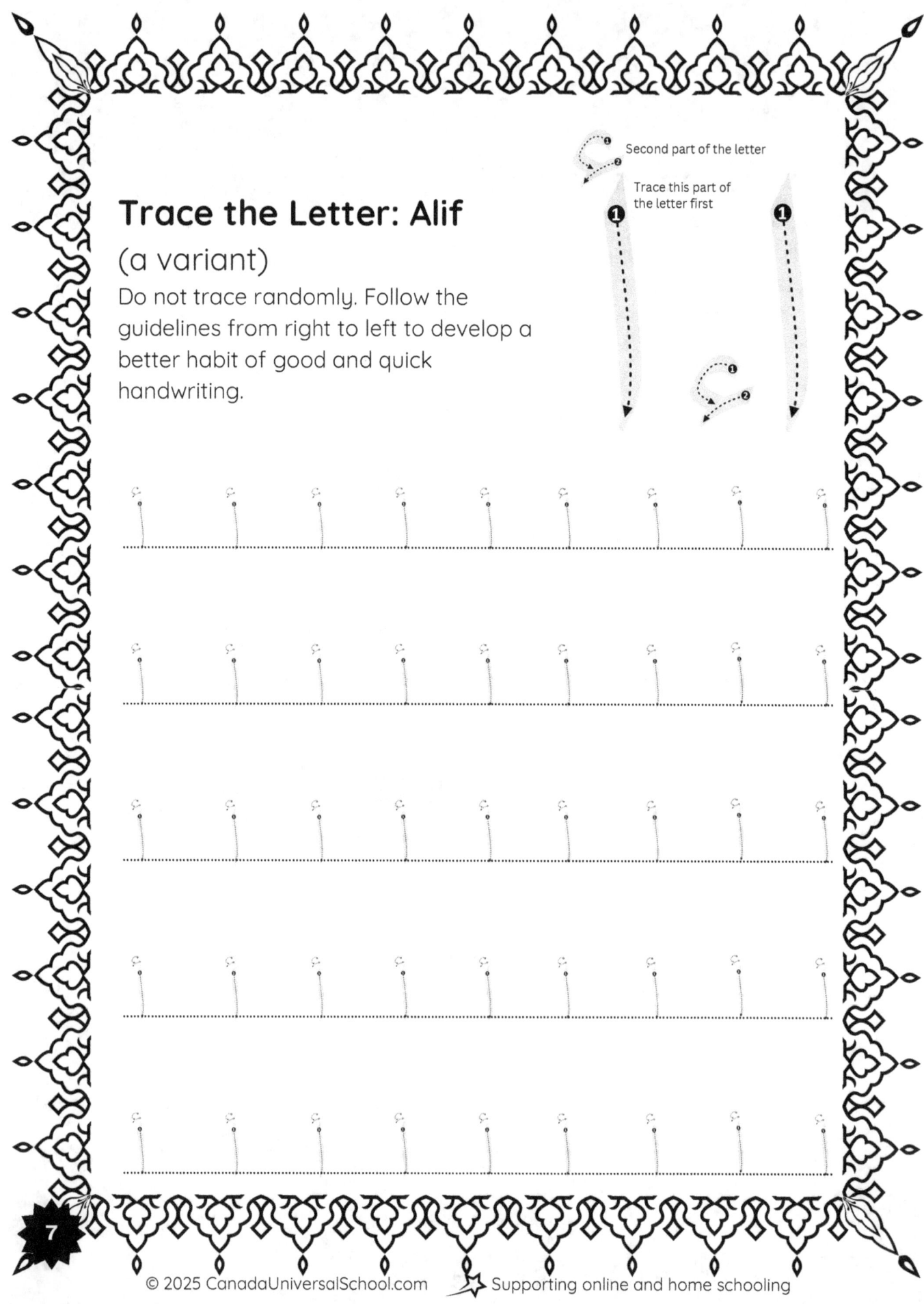

Second part of the letter

Trace this part of the letter first

Trace the Letter: Alif

(a variant)

Do not trace randomly. Follow the guidelines from right to left to develop a better habit of good and quick handwriting.

Trace this part of the letter first

Second part of the letter

Trace the Letter: Alif

(a variant)

Do not trace randomly. Follow the guidelines from right to left to develop a better habit of good and quick handwriting.

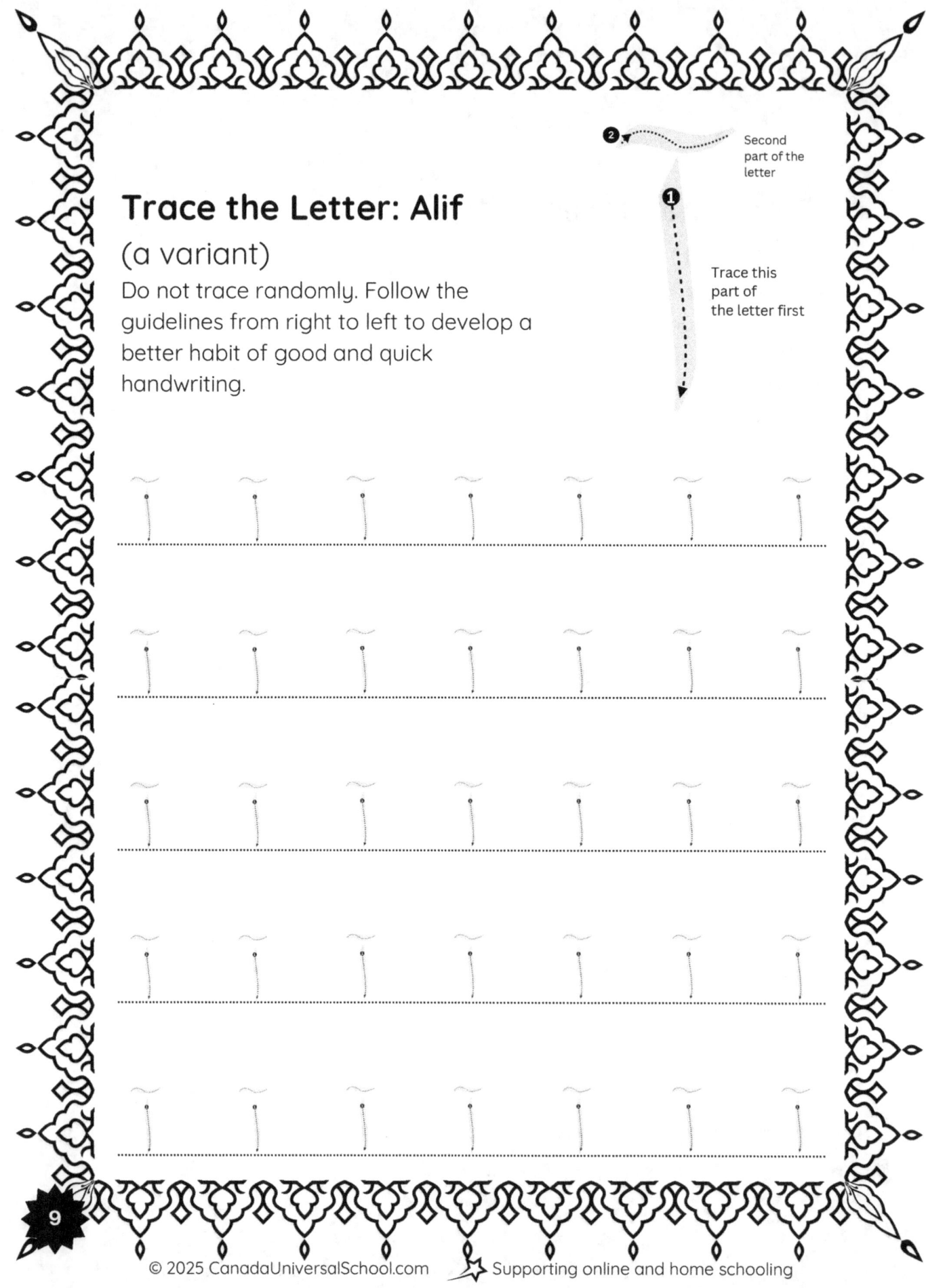

Second part of the letter

Trace this part of the letter first

Trace the Letter: Alif

(a variant)

Do not trace randomly. Follow the guidelines from right to left to develop a better habit of good and quick handwriting.

Trace the Letter: Hamza

Do not trace randomly. Follow the guidelines from right to left to develop a better habit of good and quick handwriting.

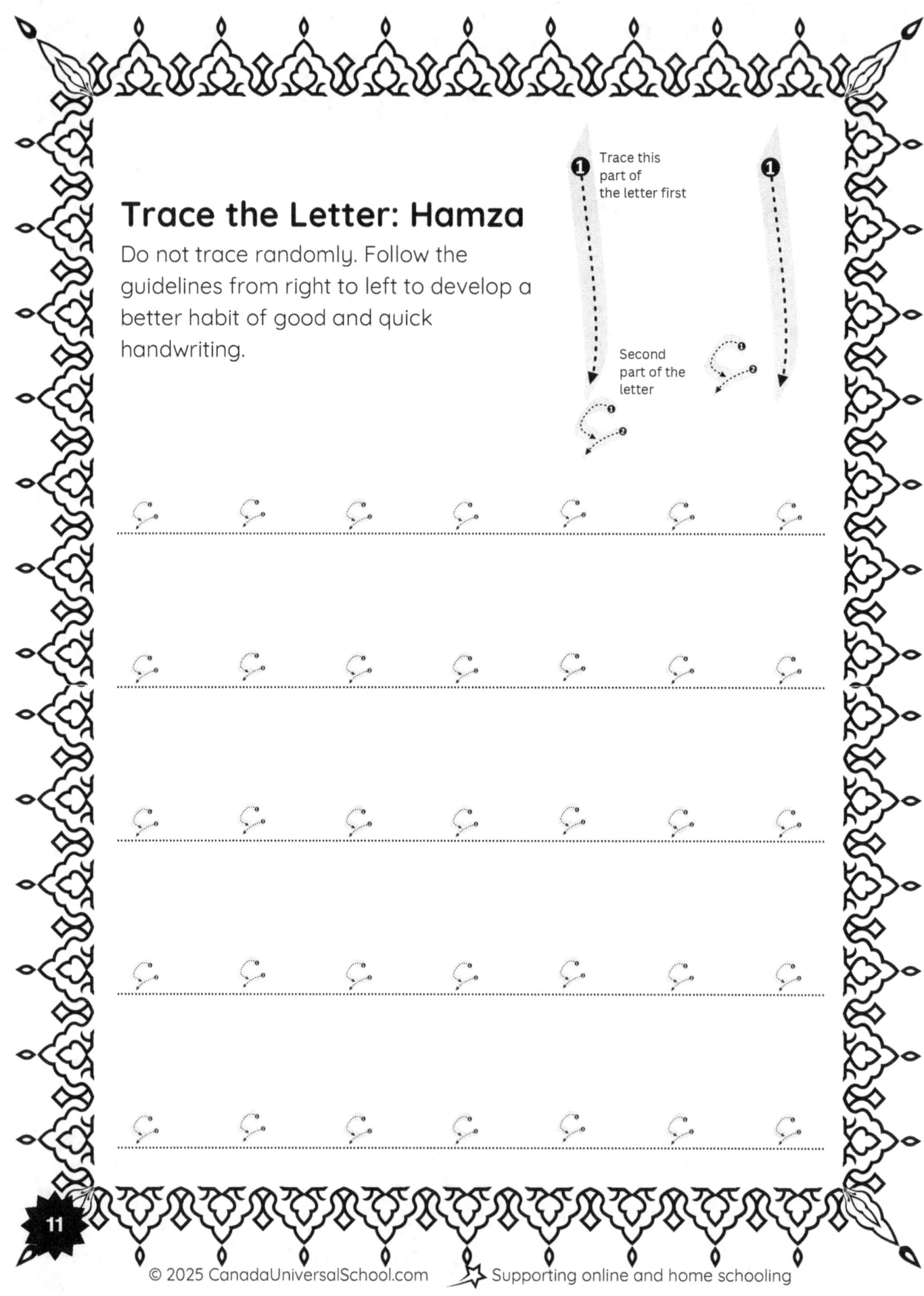

Trace this part of the letter first

Second part of the letter

Trace the Letter: Hamza

(a variant)

Do not trace randomly. Follow the guidelines from right to left to develop a better habit of good and quick handwriting.

Trace the Letter: Hamza

(a variant)

Do not trace randomly. Follow the guidelines from right to left to develop a better habit of good and quick handwriting.

Second part

Trace this part of the letter first

Trace the Letter: Hamza

(a variant)

Do not trace randomly. Follow the guidelines from right to left to develop a better habit of good and quick handwriting.

Second part of the letter

Trace this part of the letter first

Trace the Letter: Ba

Do not trace randomly. Follow the guidelines from right to left to develop a better habit of good and quick handwriting.

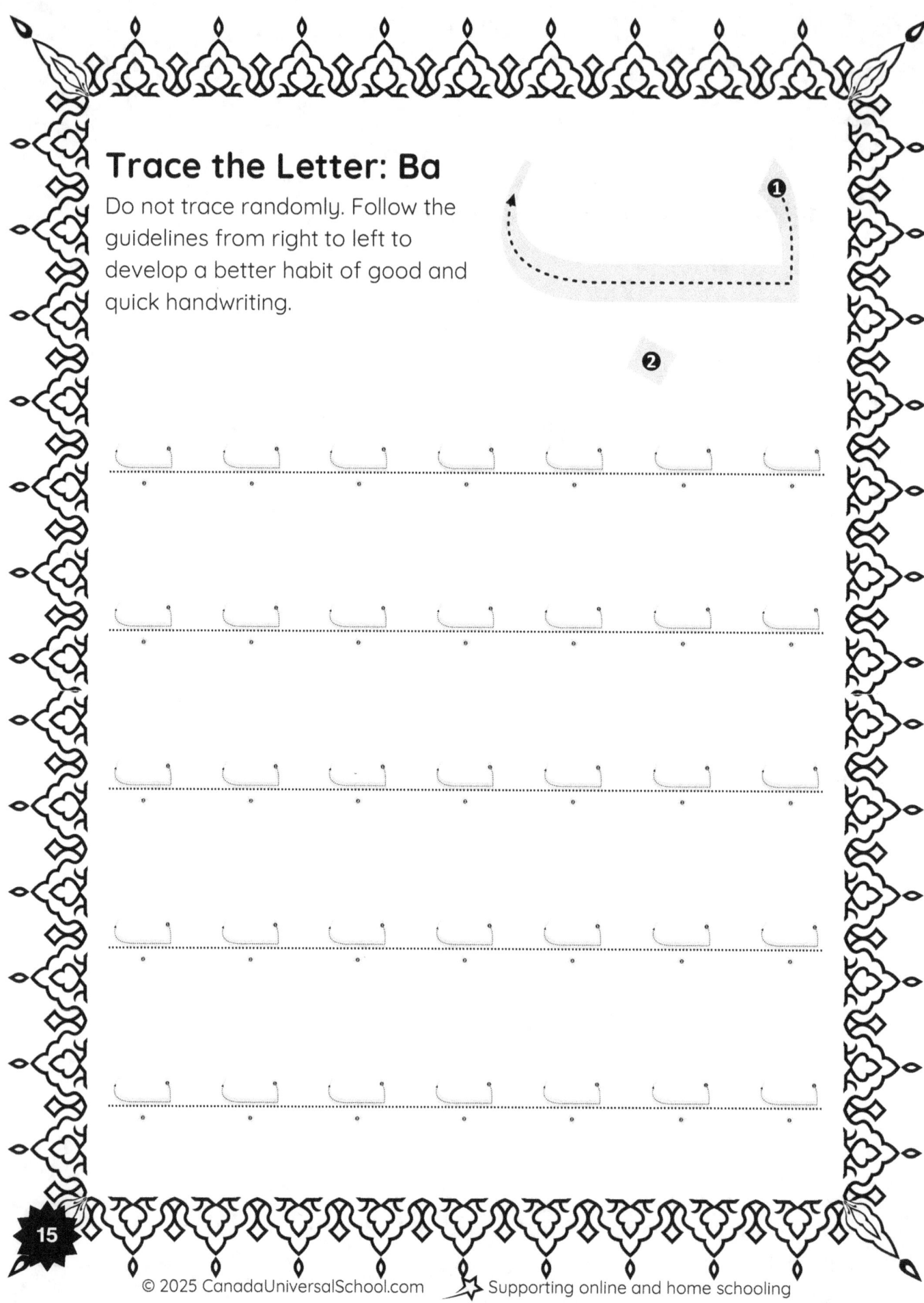

Trace the Letter: Ta

Do not trace randomly. Follow the guidelines from right to left to develop a better habit of good and quick handwriting.

Trace the Letter: Ta

(a variant)

Do not trace randomly. Follow the guidelines from right to left to develop a better habit of good and quick handwriting.

Trace the Letter: Ta

(a variant)

Do not trace randomly. Follow the guidelines from right to left to develop a better habit of good and quick handwriting.

Trace the Letter: Tha

Do not trace randomly. Follow the guidelines from right to left to develop a better habit of good and quick handwriting.

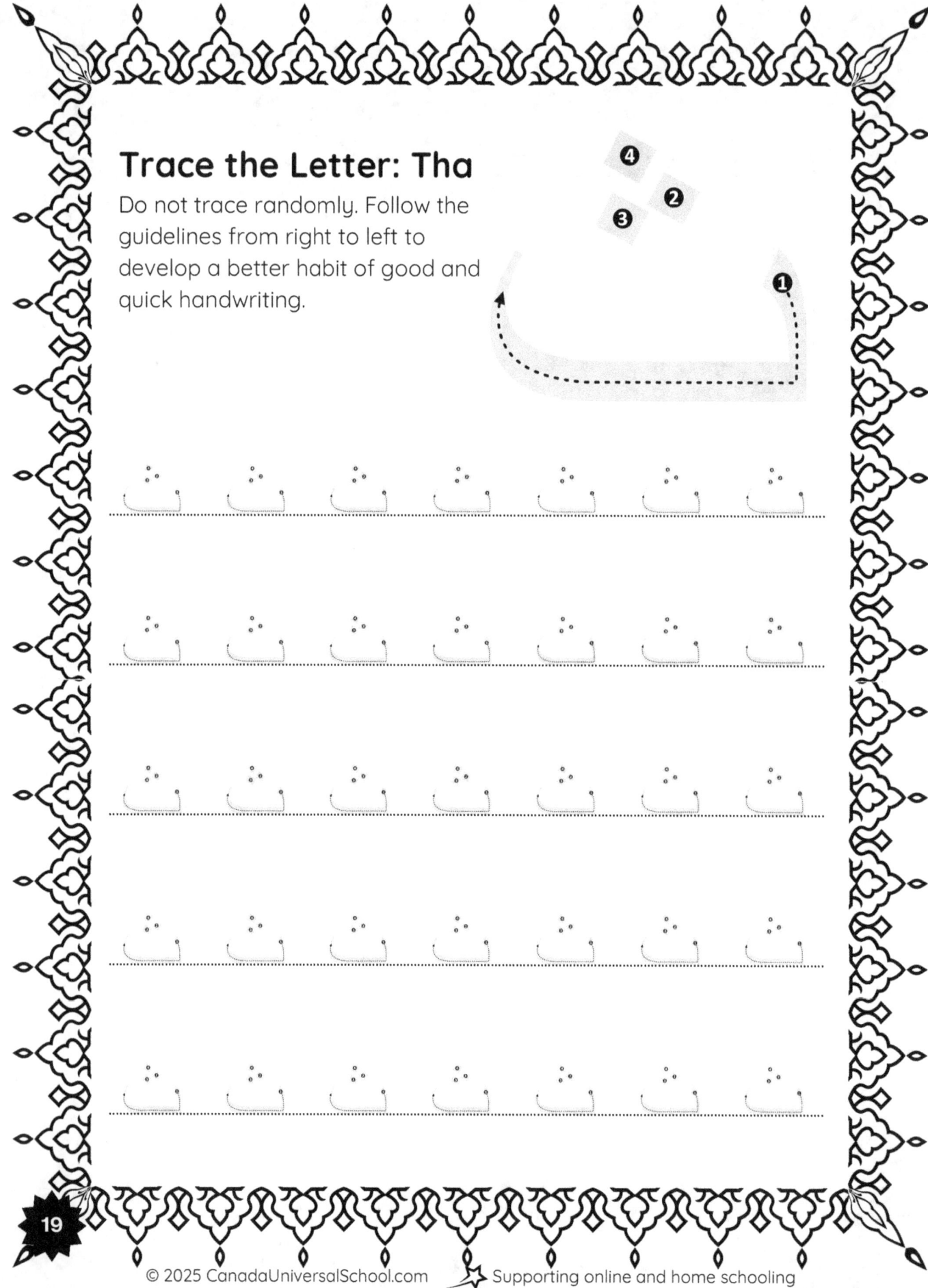

Supporting online and home schooling

Trace the Letter: Jeem

Do not trace randomly. Follow the guidelines from right to left to develop a better habit of good and quick handwriting.

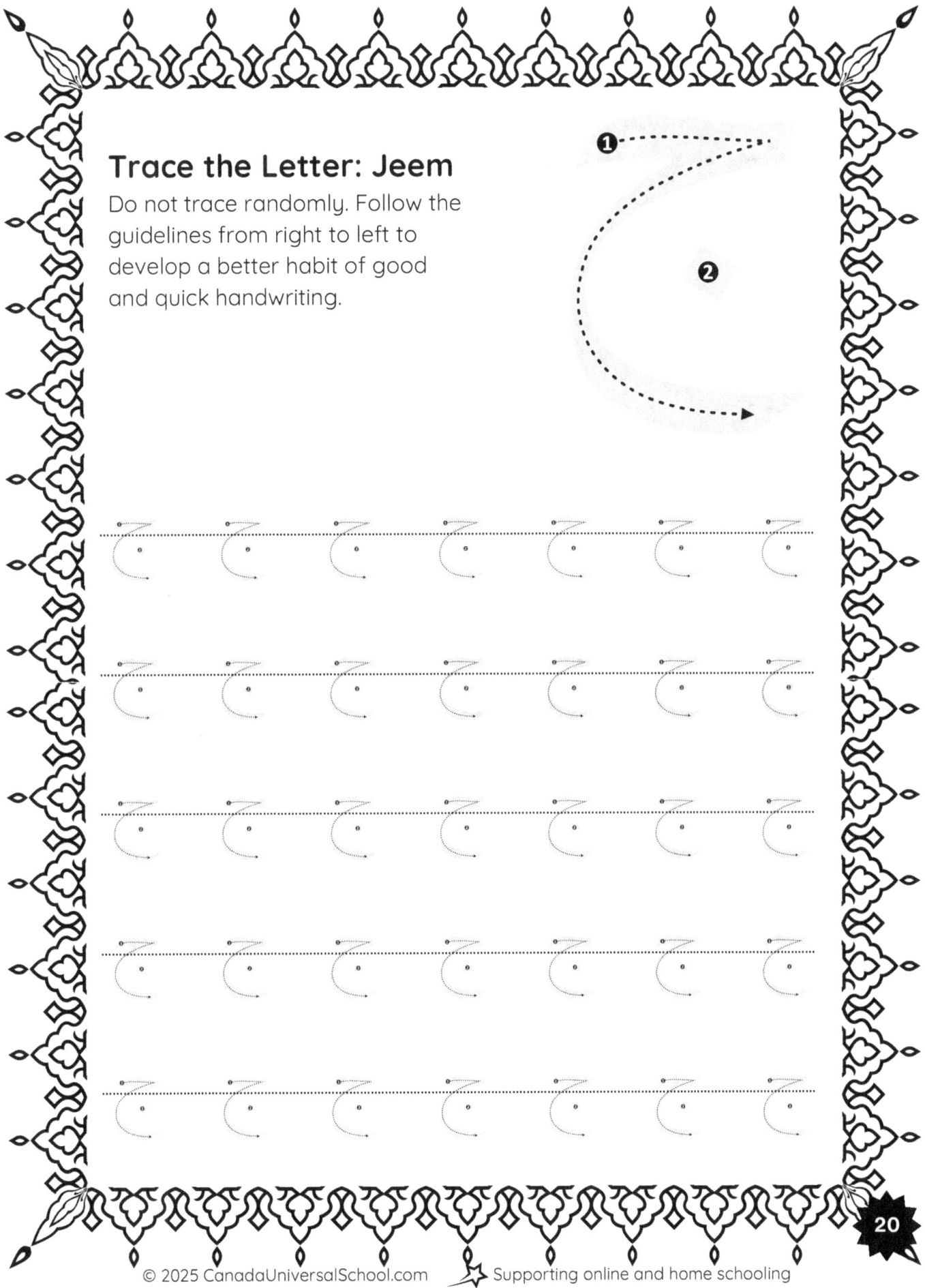

Trace the Letter: Hha

Do not trace randomly. Follow the guidelines from right to left to develop a better habit of good and quick handwriting.

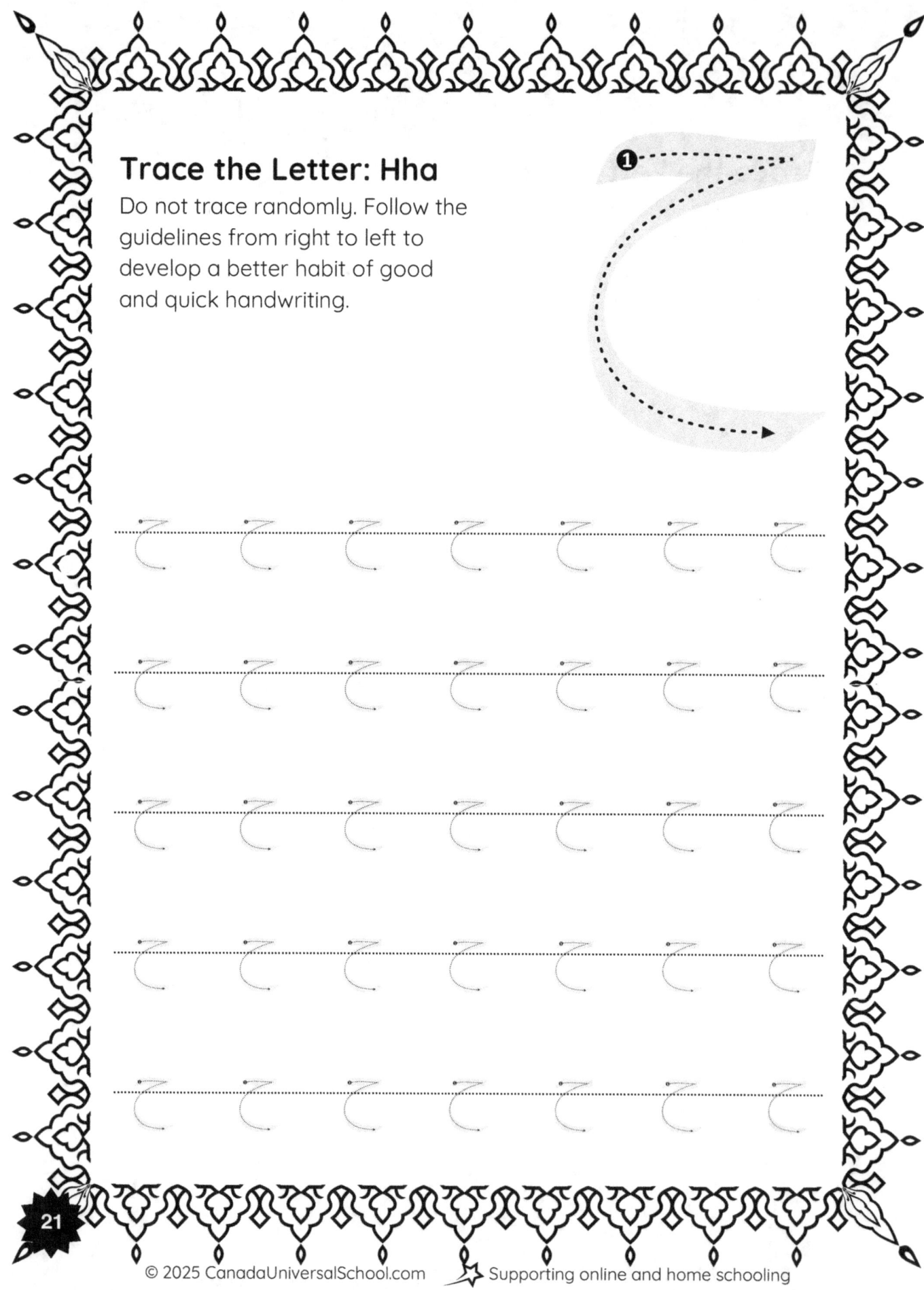

Supporting online and home schooling

Trace the Letter: Kha

Do not trace randomly. Follow the guidelines from right to left to develop a better habit of good and quick handwriting.

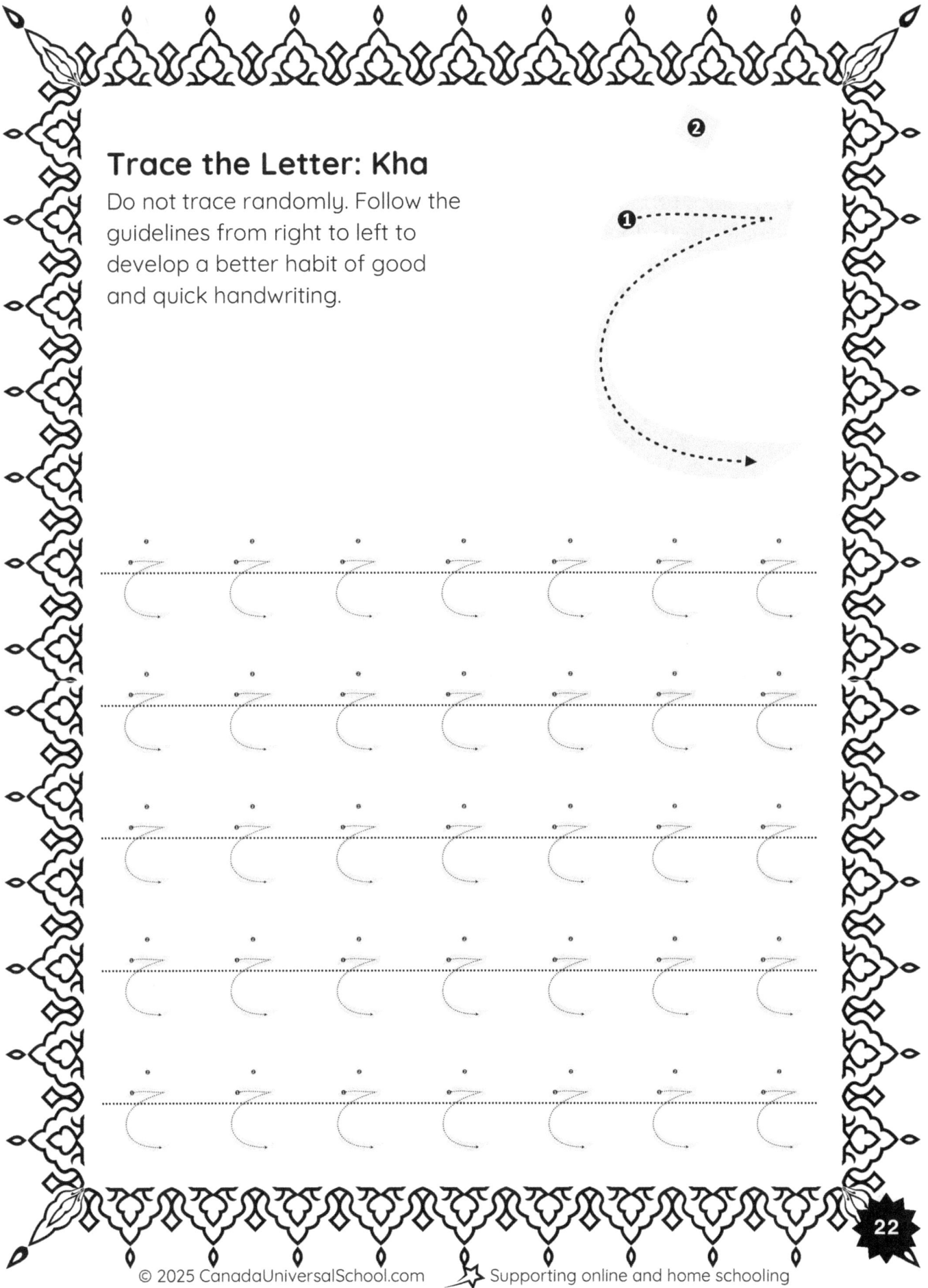

Trace the Letter: Dal

Do not trace randomly. Follow the guidelines from right to left to develop a better habit of good and quick handwriting.

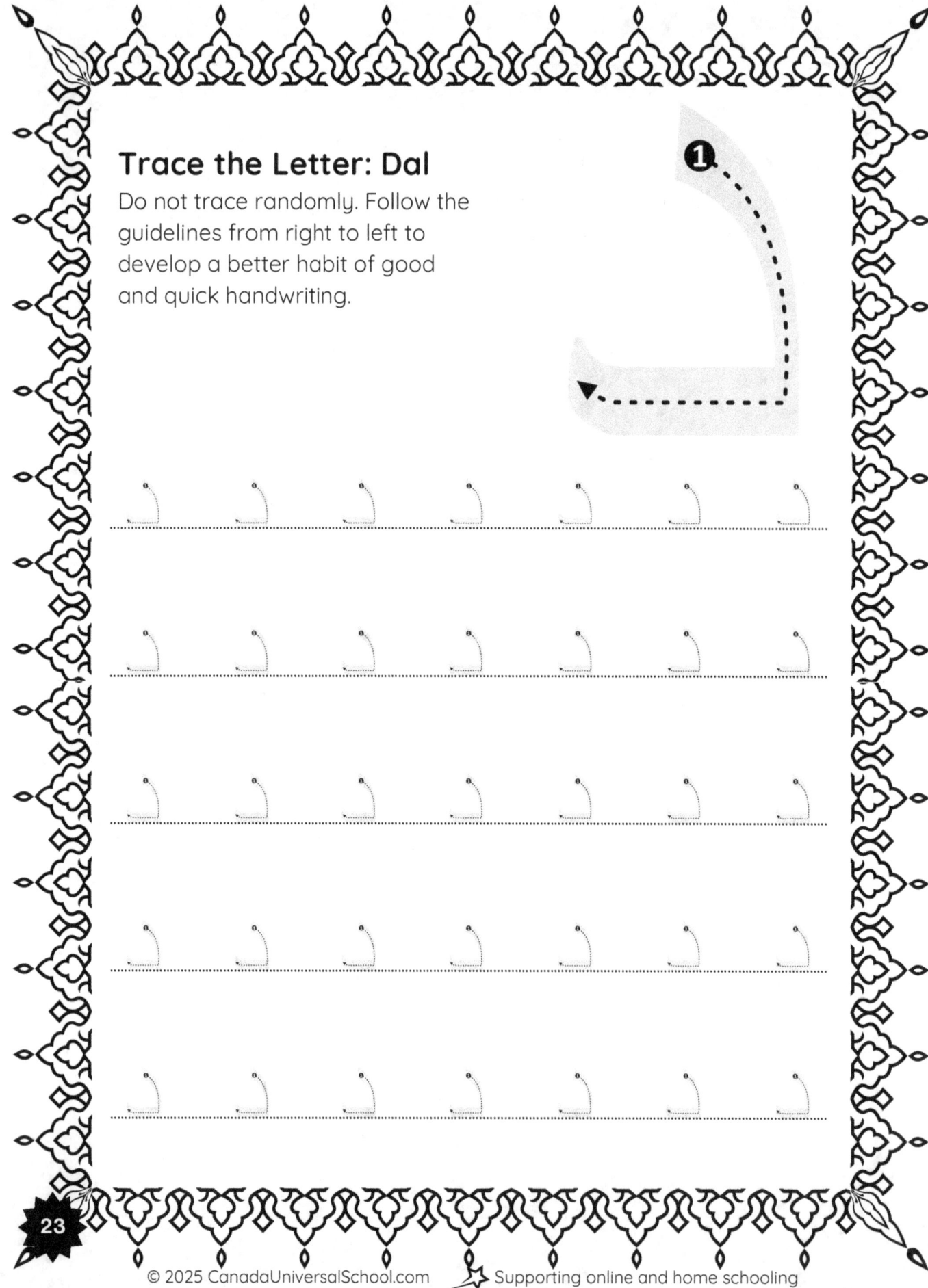

Trace the Letter: Dhal

Do not trace randomly. Follow the guidelines from right to left to develop a better habit of good and quick handwriting.

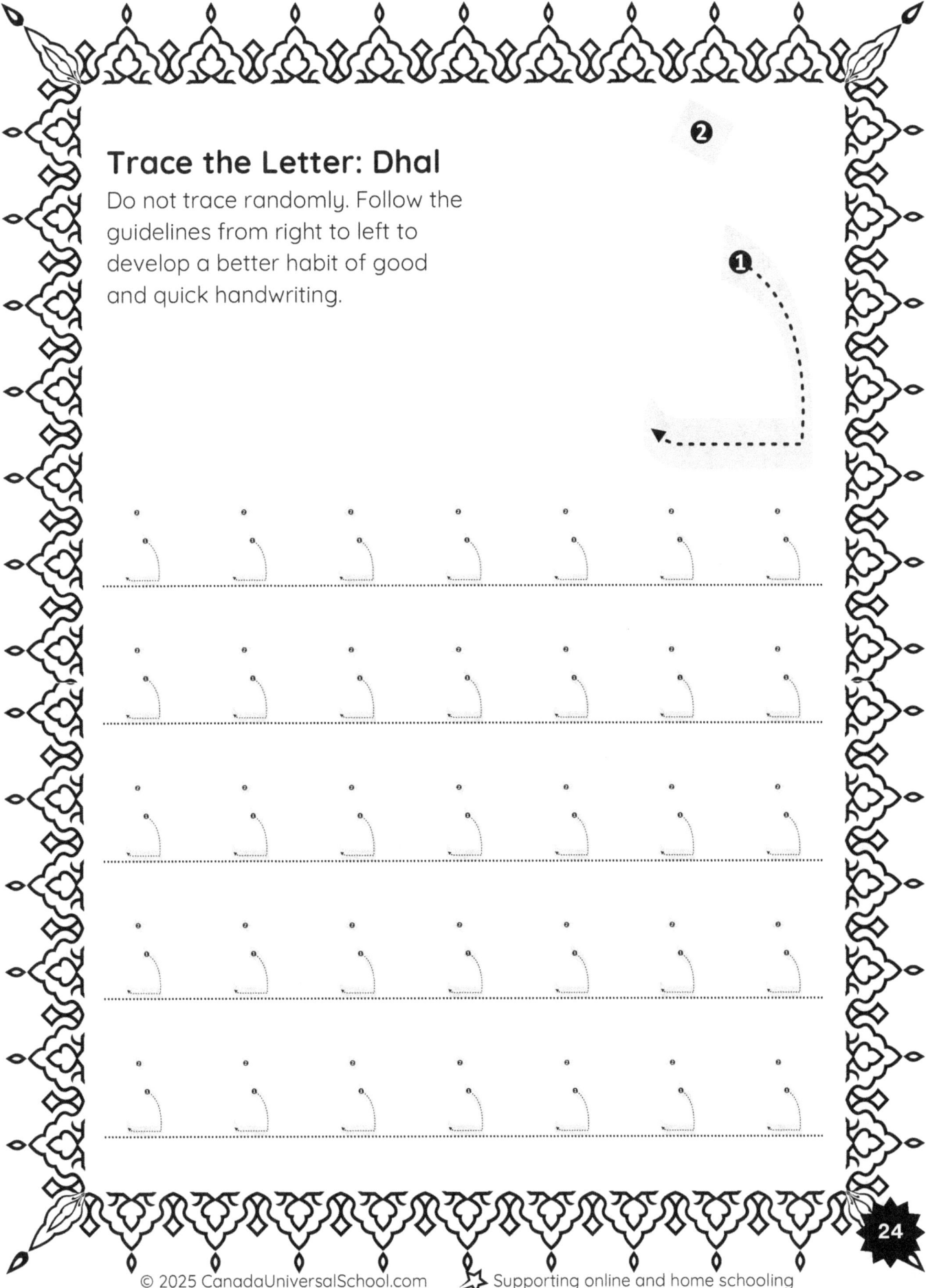

Trace the Letter: Ra

Do not trace randomly. Follow the guidelines from right to left to develop a better habit of good and quick handwriting.

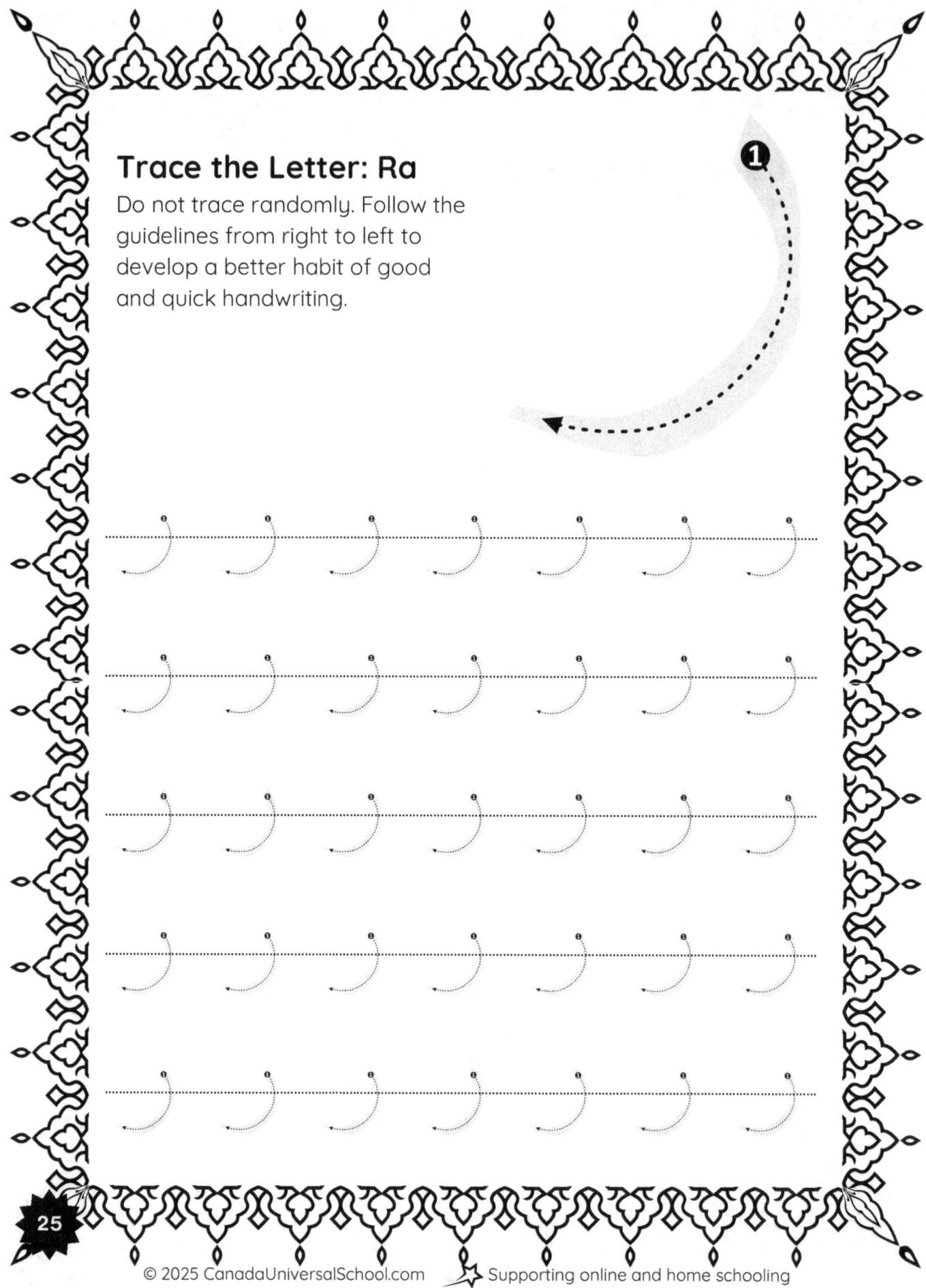

Trace the Letter: Zay

Do not trace randomly. Follow the guidelines from right to left to develop a better habit of good and quick handwriting.

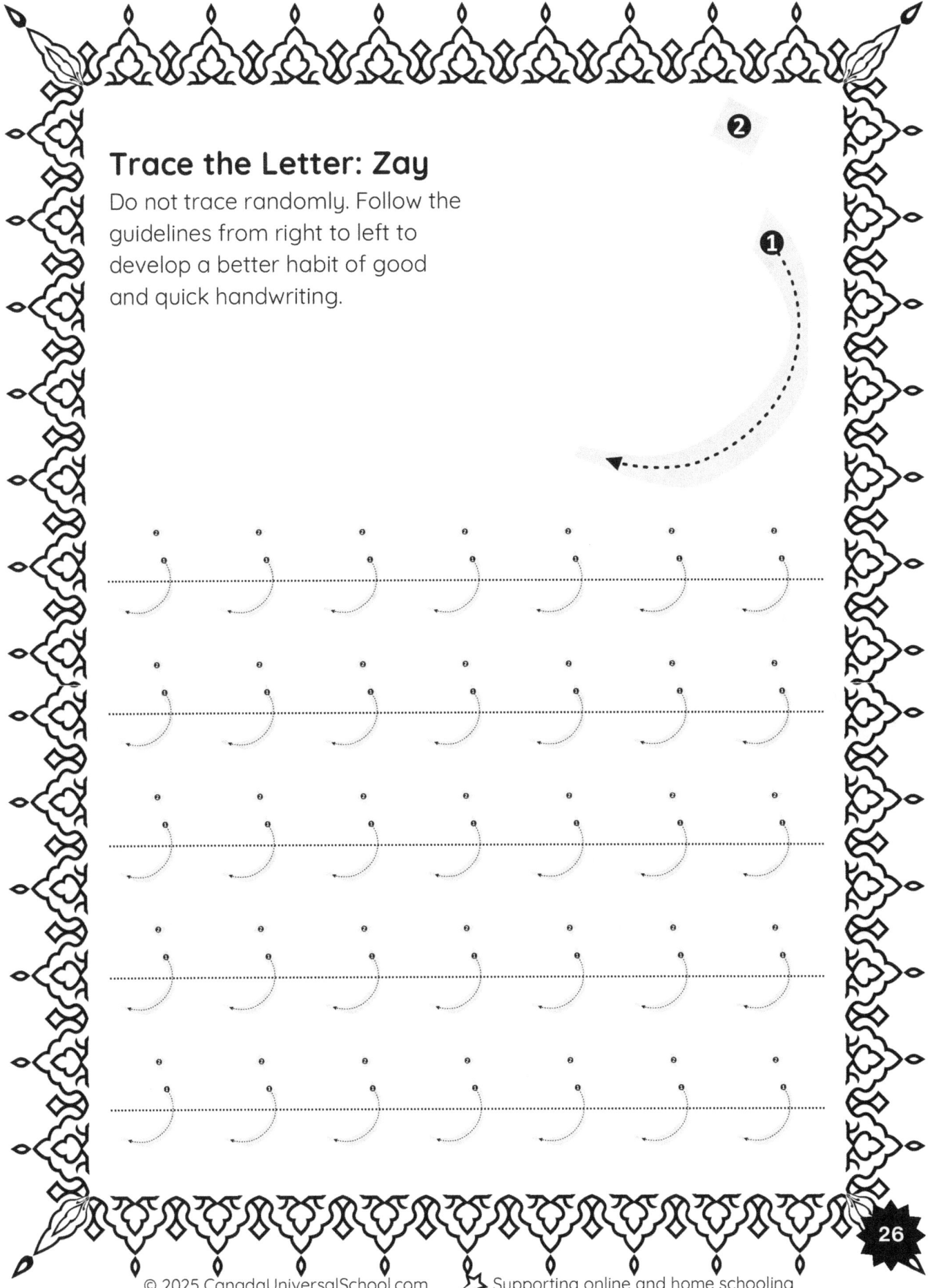

Supporting online and home schooling

Trace the Letter: Seen

Do not trace randomly. Follow the guidelines from right to left to develop a better habit of good and quick handwriting.

Trace the Letter: Sheen

Do not trace randomly. Follow the guidelines from right to left to develop a better habit of good and quick handwriting.

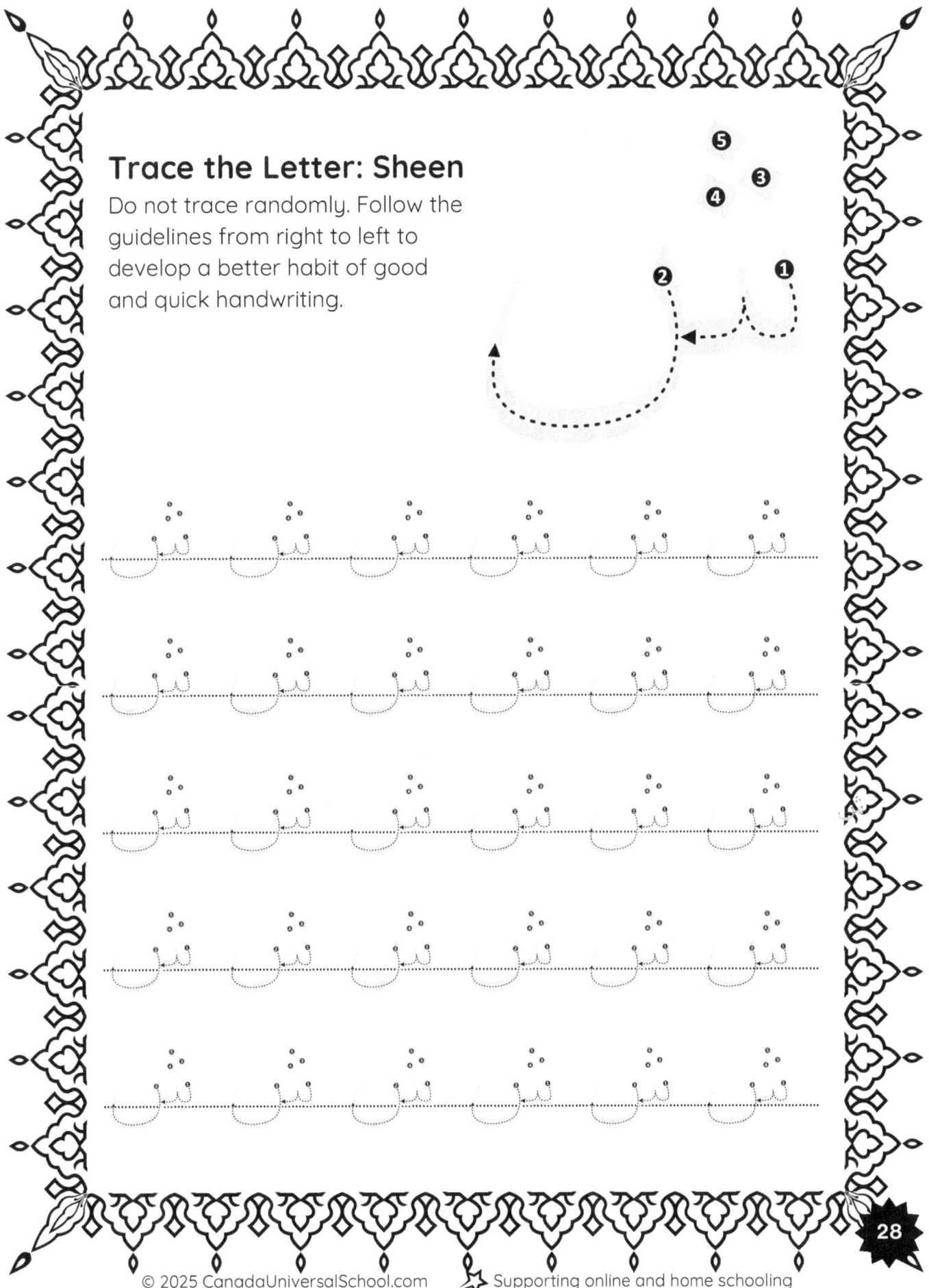

Trace the Letter: Sad

Do not trace randomly. Follow the guidelines from right to left to develop a better habit of good and quick handwriting.

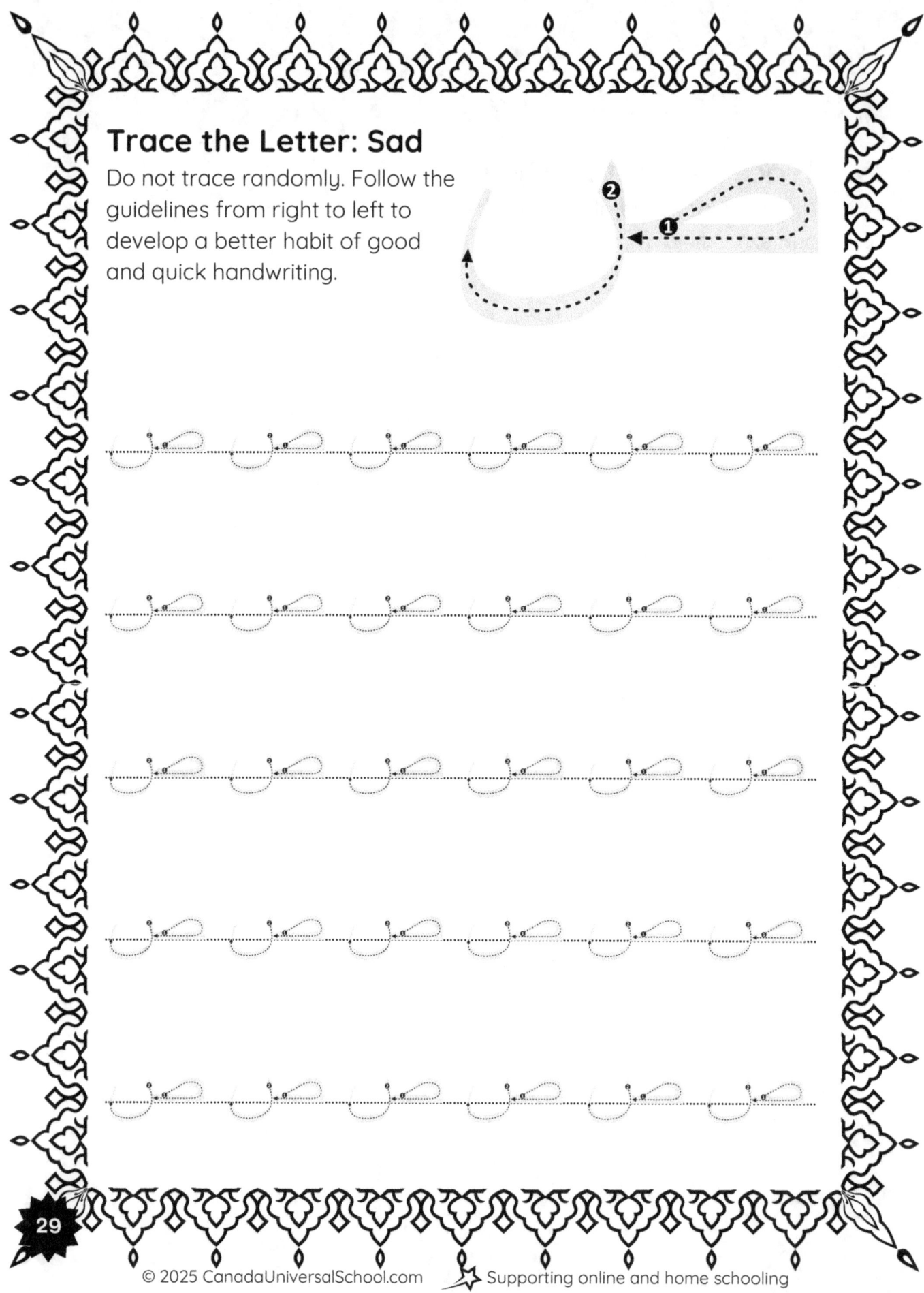

Trace the Letter: Dhad

Do not trace randomly. Follow the guidelines from right to left to develop a better habit of good and quick handwriting.

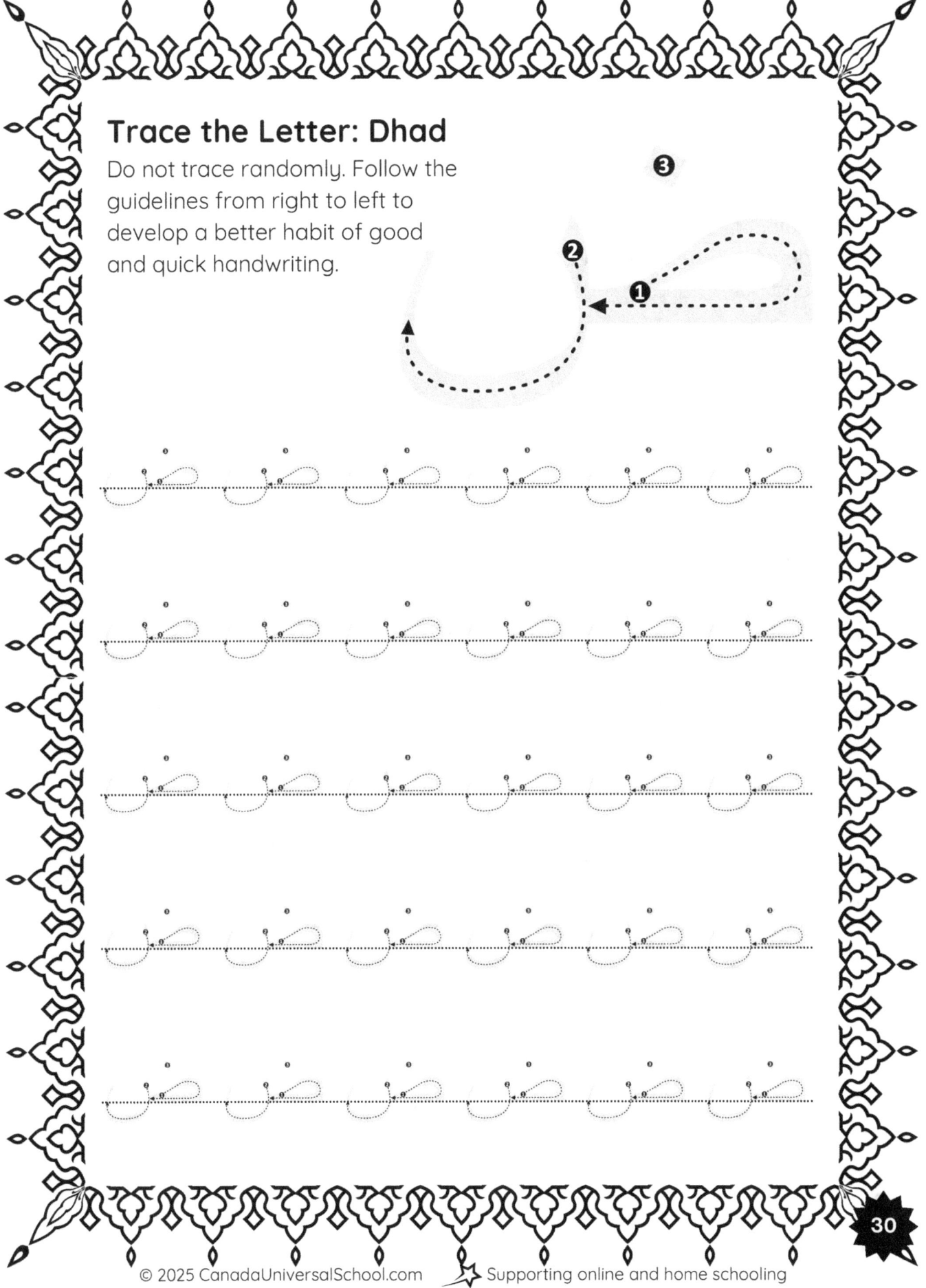

Trace the Letter: Taa

Do not trace randomly. Follow the guidelines from right to left to develop a better habit of good and quick handwriting.

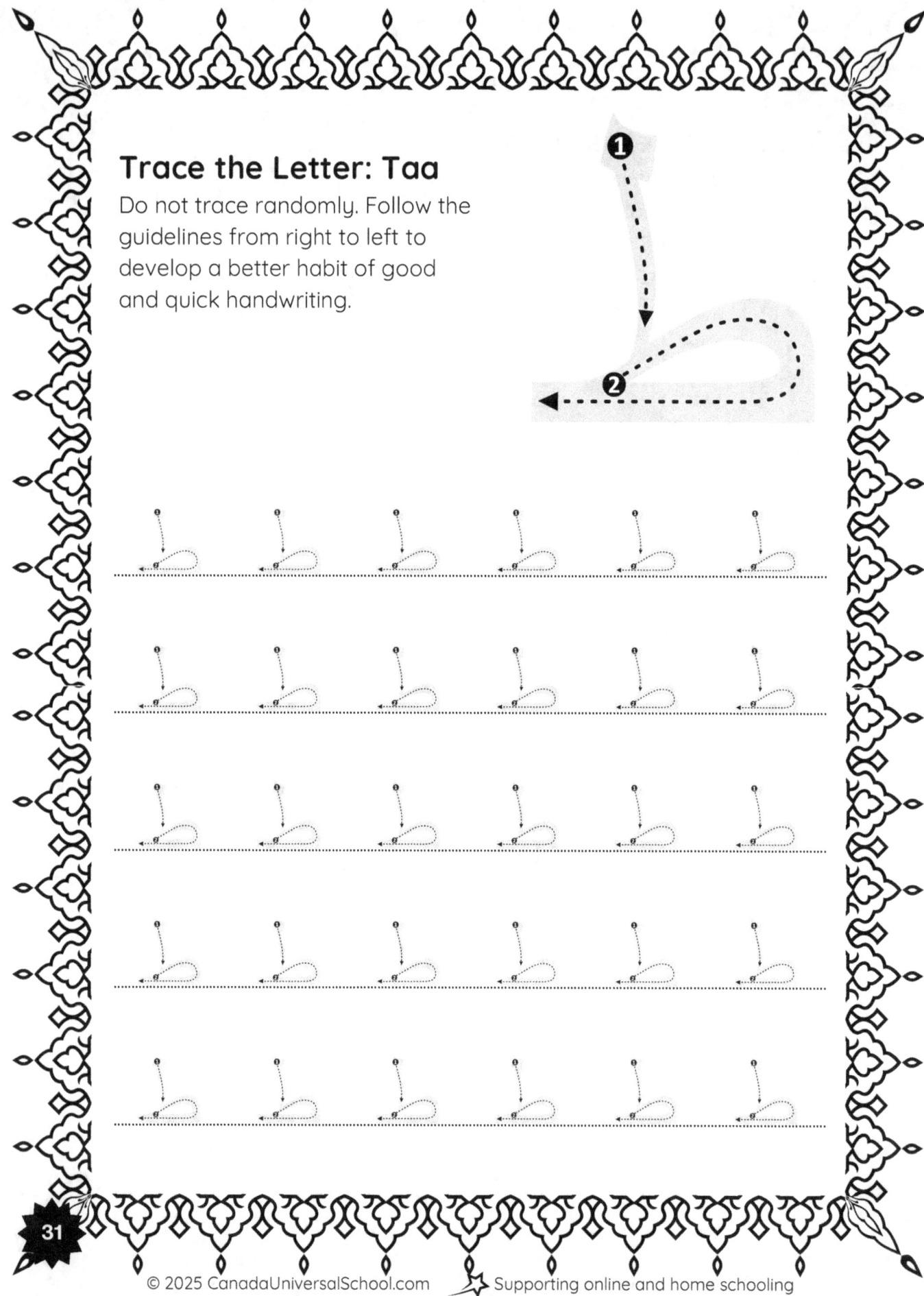

Trace the Letter: Dhaa

Do not trace randomly. Follow the guidelines from right to left to develop a better habit of good and quick handwriting.

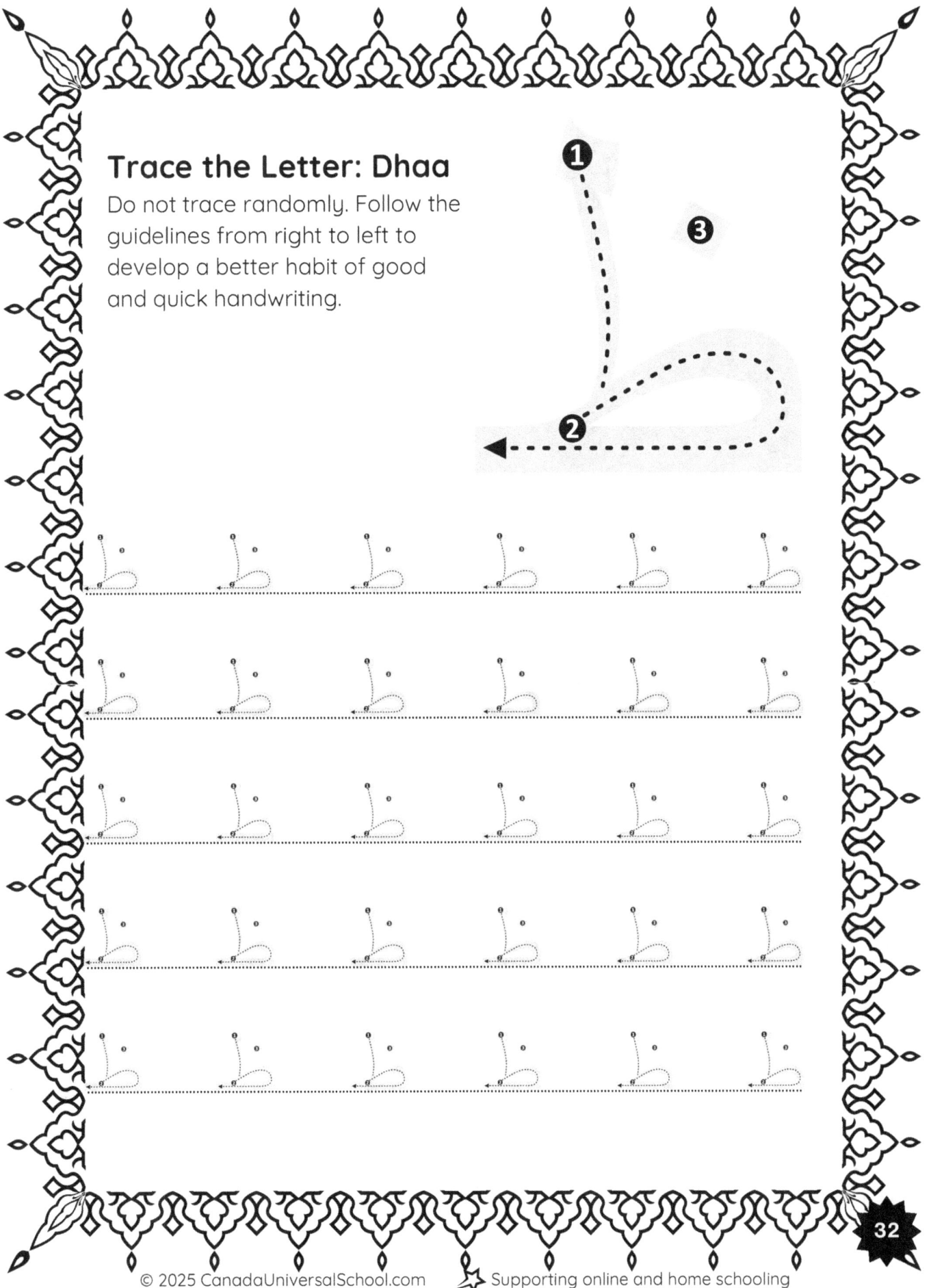

Trace the Letter: Ayn

Do not trace randomly. Follow the guidelines from right to left to develop a better habit of good and quick handwriting.

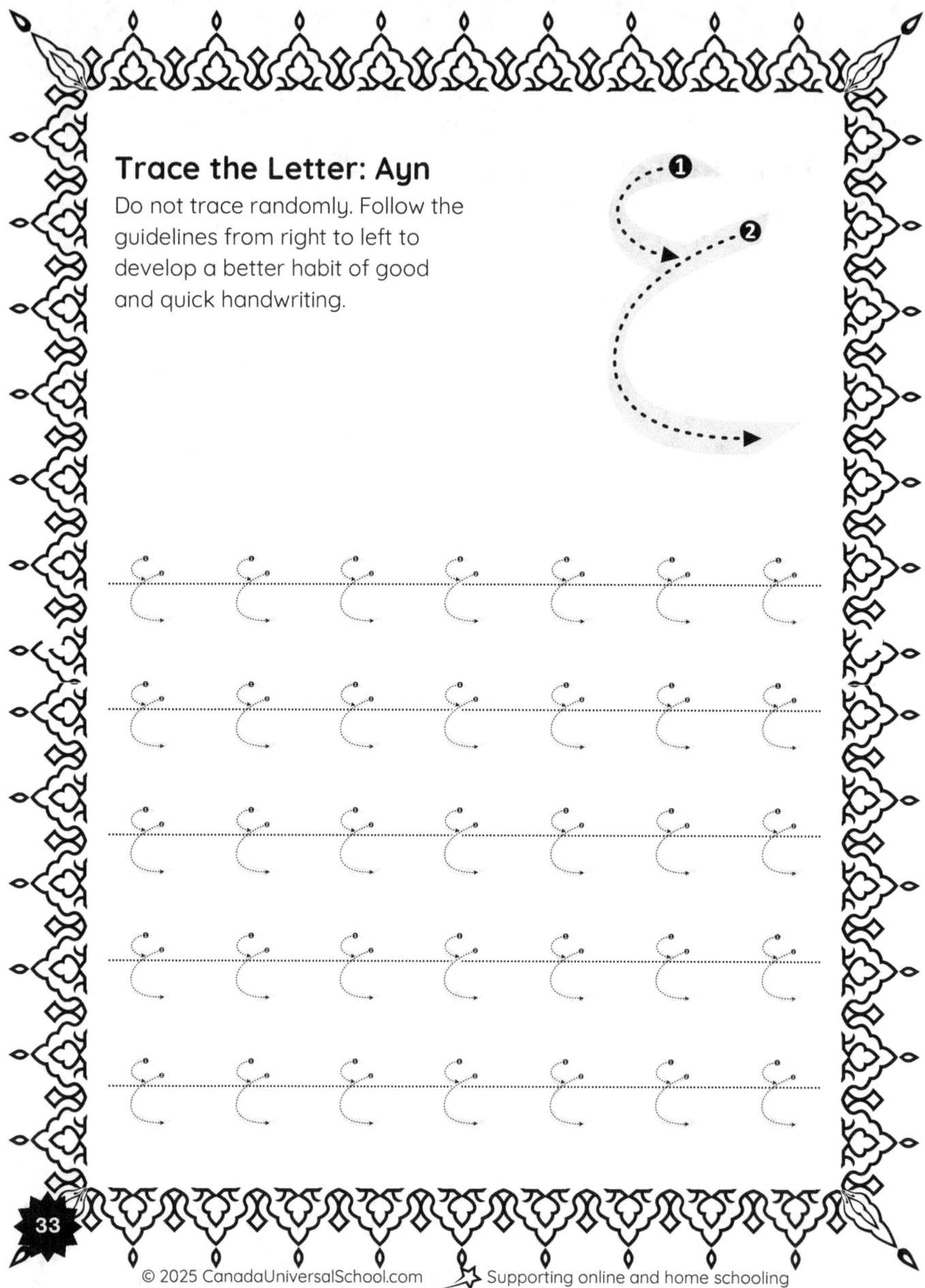

Trace the Letter: Ghayn

Do not trace randomly. Follow the guidelines from right to left to develop a better habit of good and quick handwriting.

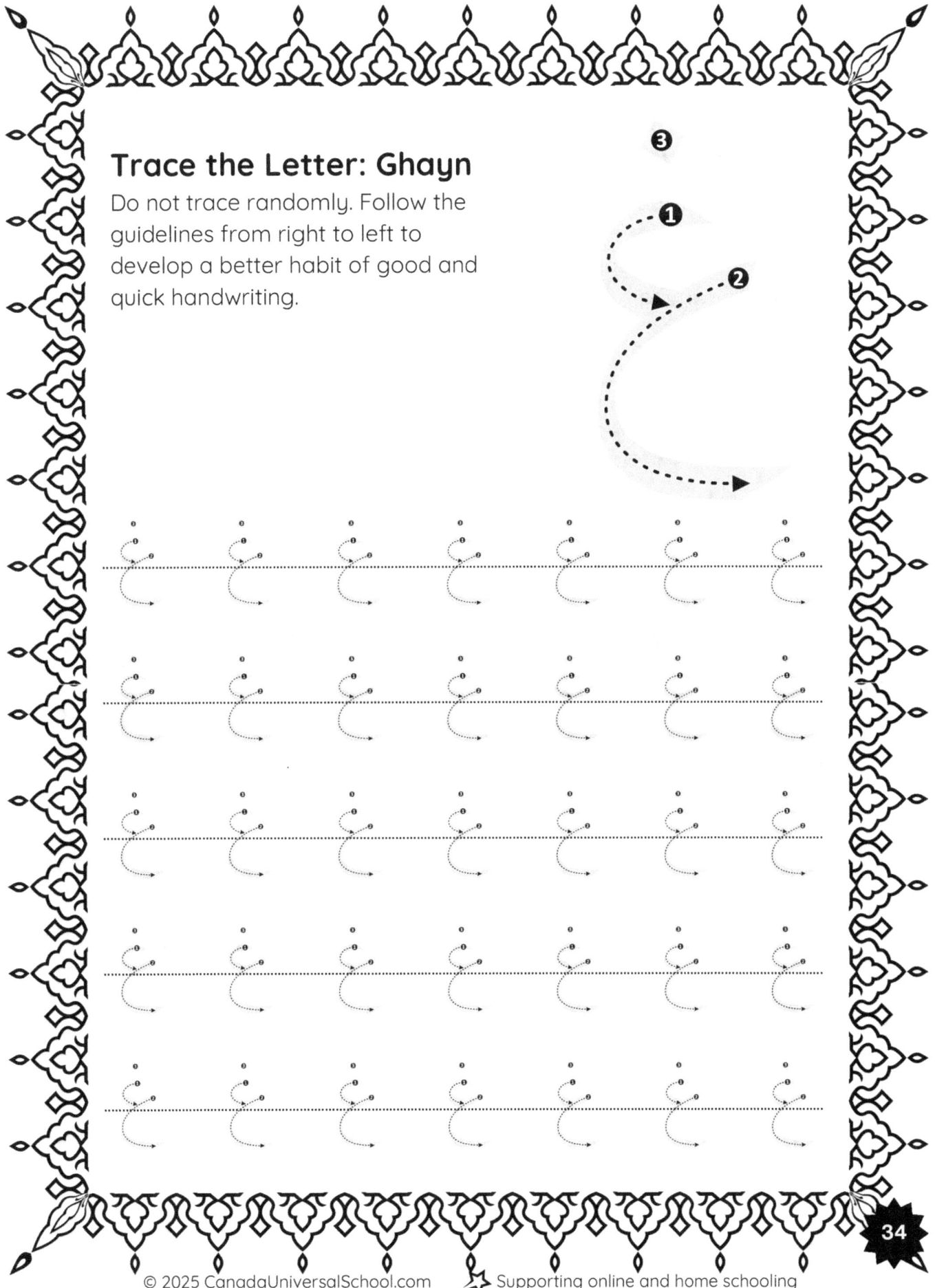

Trace the Letter: Fa

Do not trace randomly. Follow the guidelines from right to left to develop a better habit of good and quick handwriting.

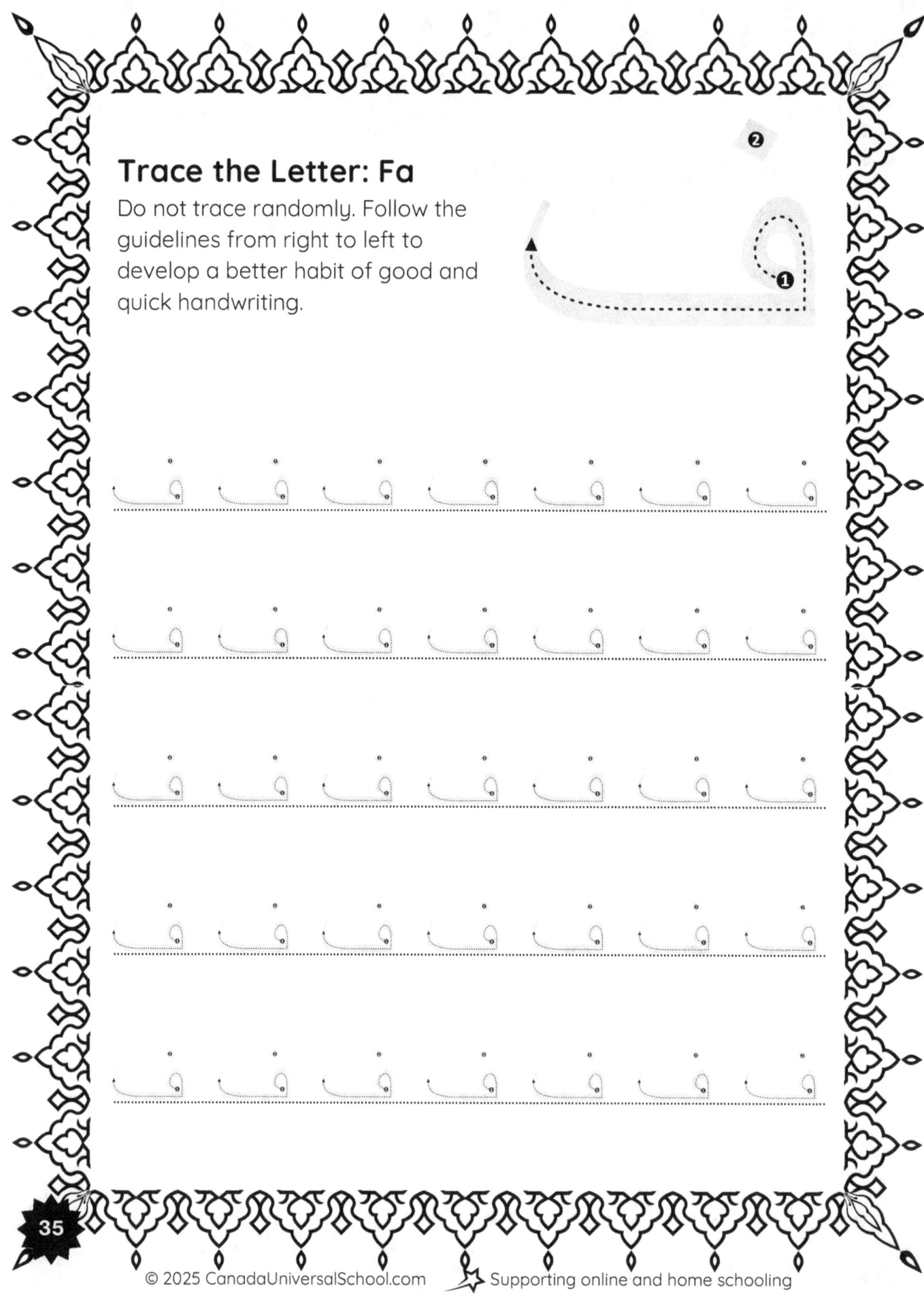

Trace the Letter: Qaf

Do not trace randomly. Follow the guidelines from right to left to develop a better habit of good and quick handwriting.

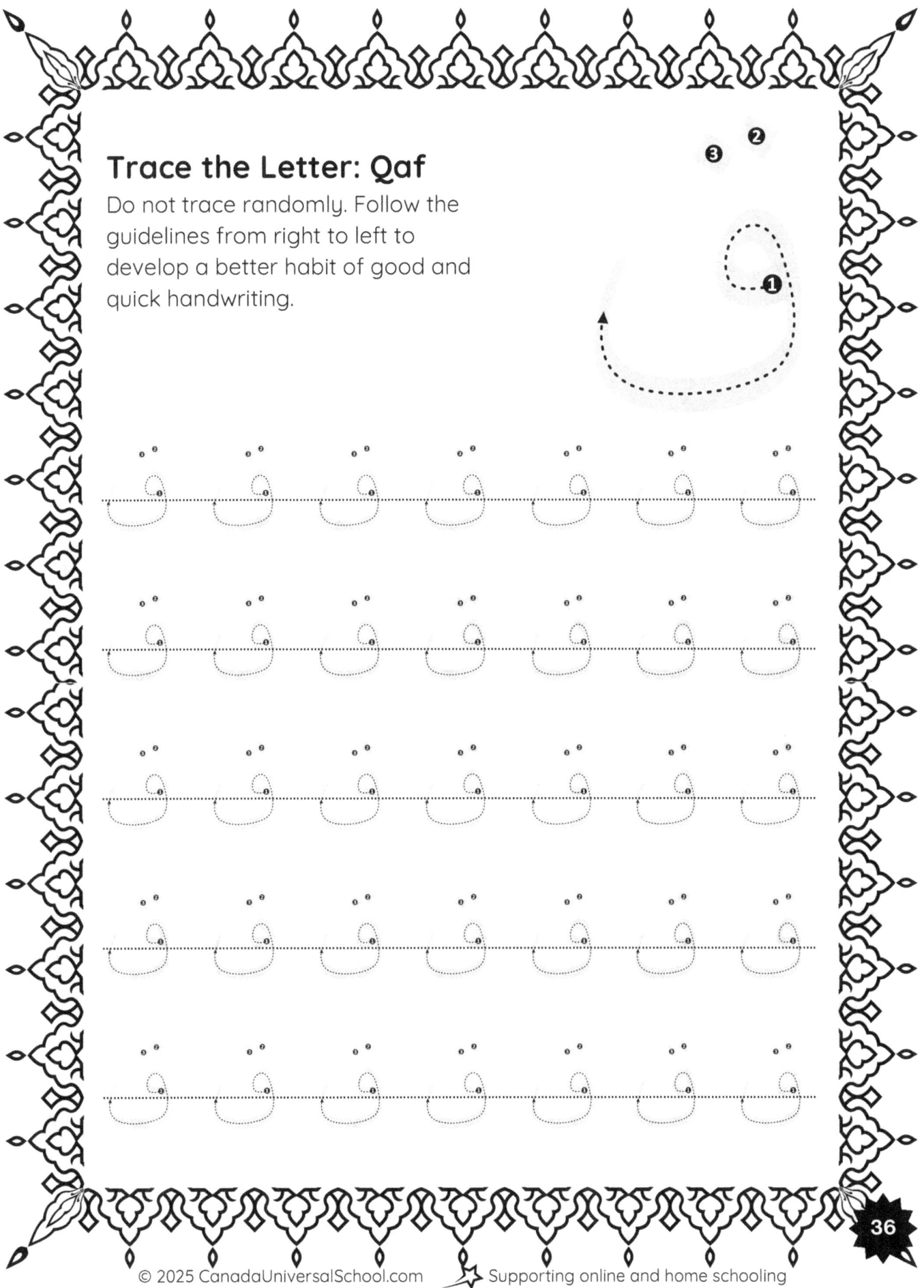

Supporting online and home schooling

Trace the Letter: Kaf

Do not trace randomly. Follow the guidelines from right to left to develop a better habit of good and quick handwriting.

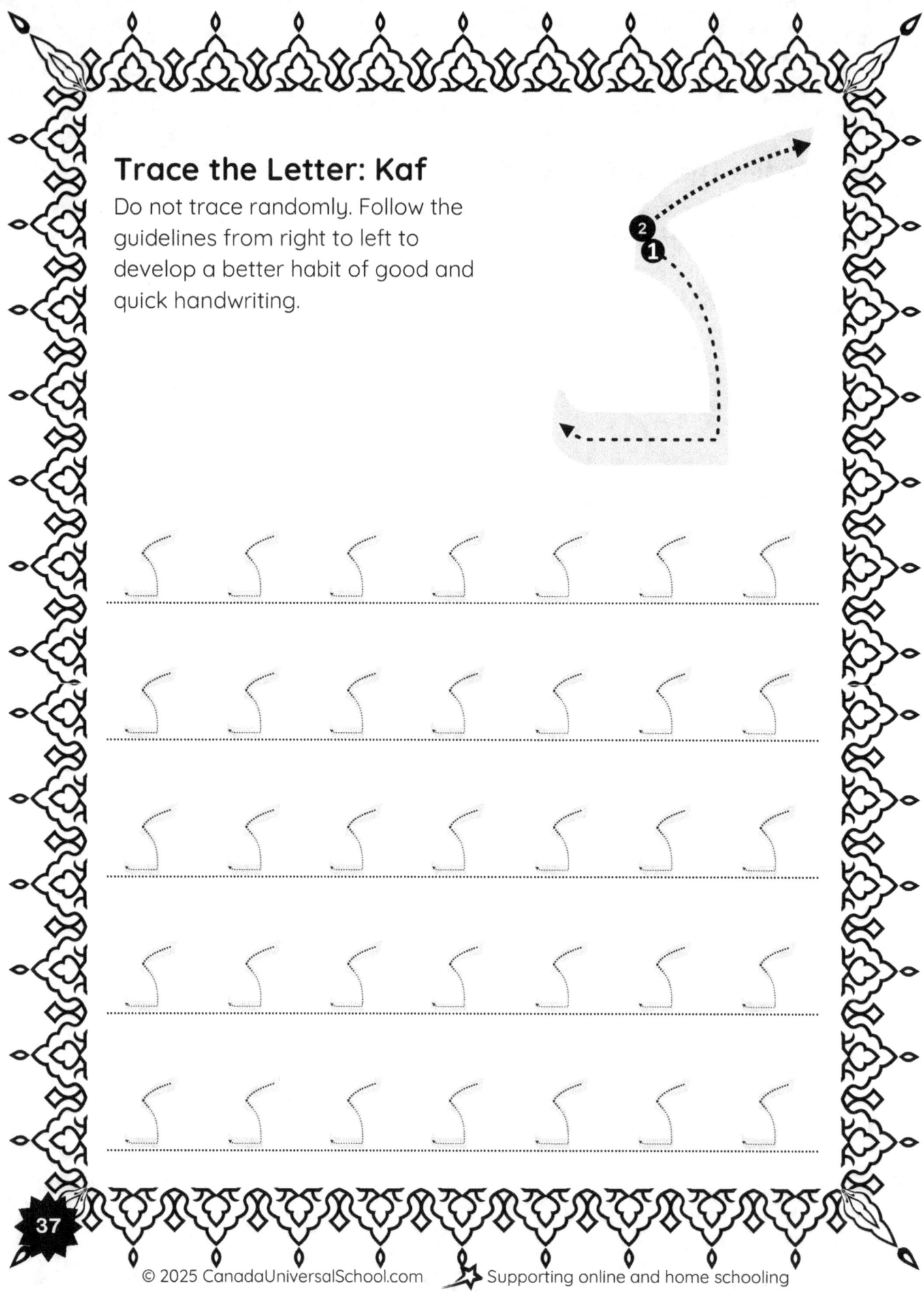

Trace the Letter: Kaf

(a variant)

Do not trace randomly. Follow the guidelines from right to left to develop a better habit of good and quick handwriting.

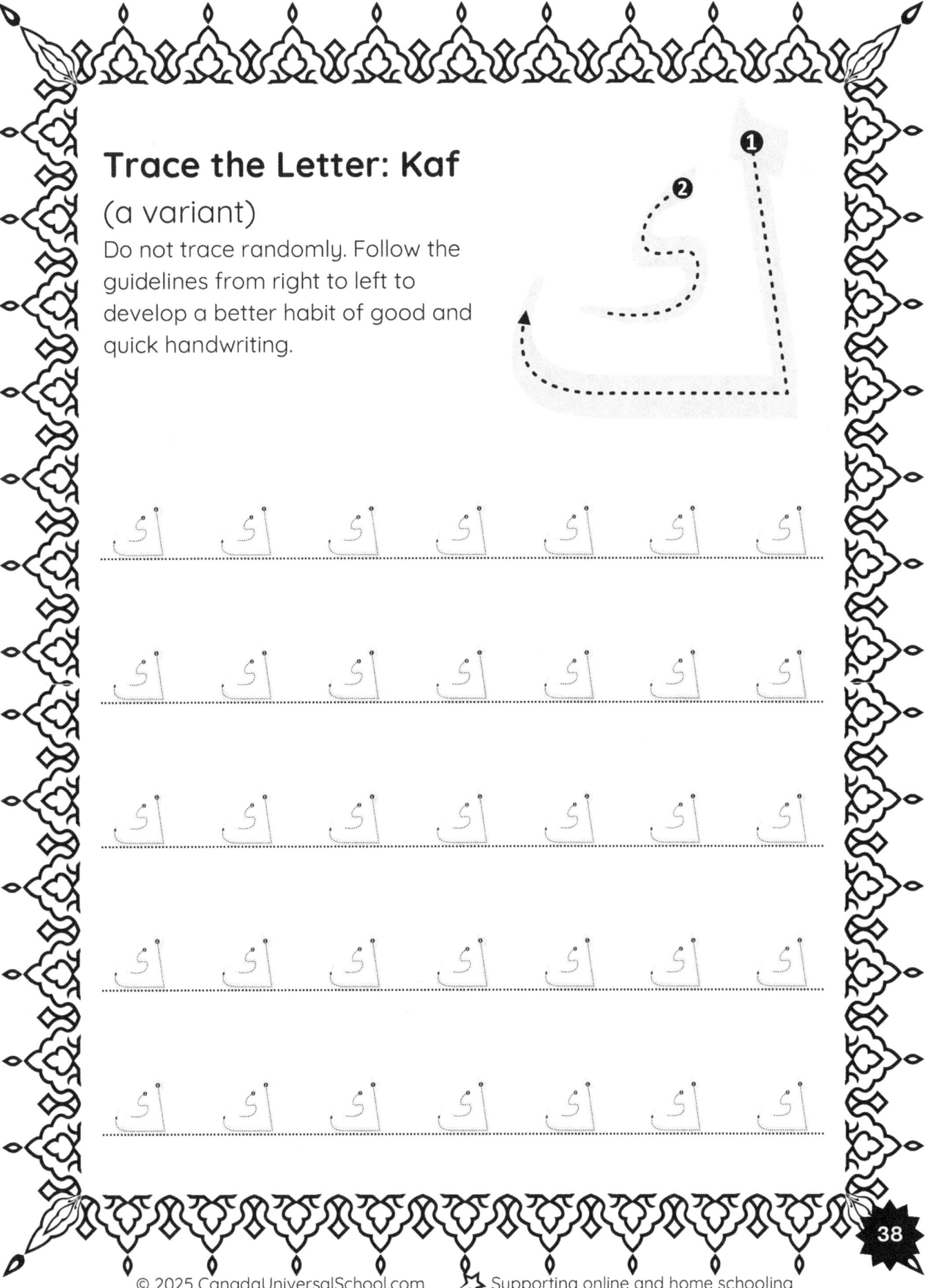

Trace the Letter: Lam

Do not trace randomly. Follow the guidelines from right to left to develop a better habit of good and quick handwriting.

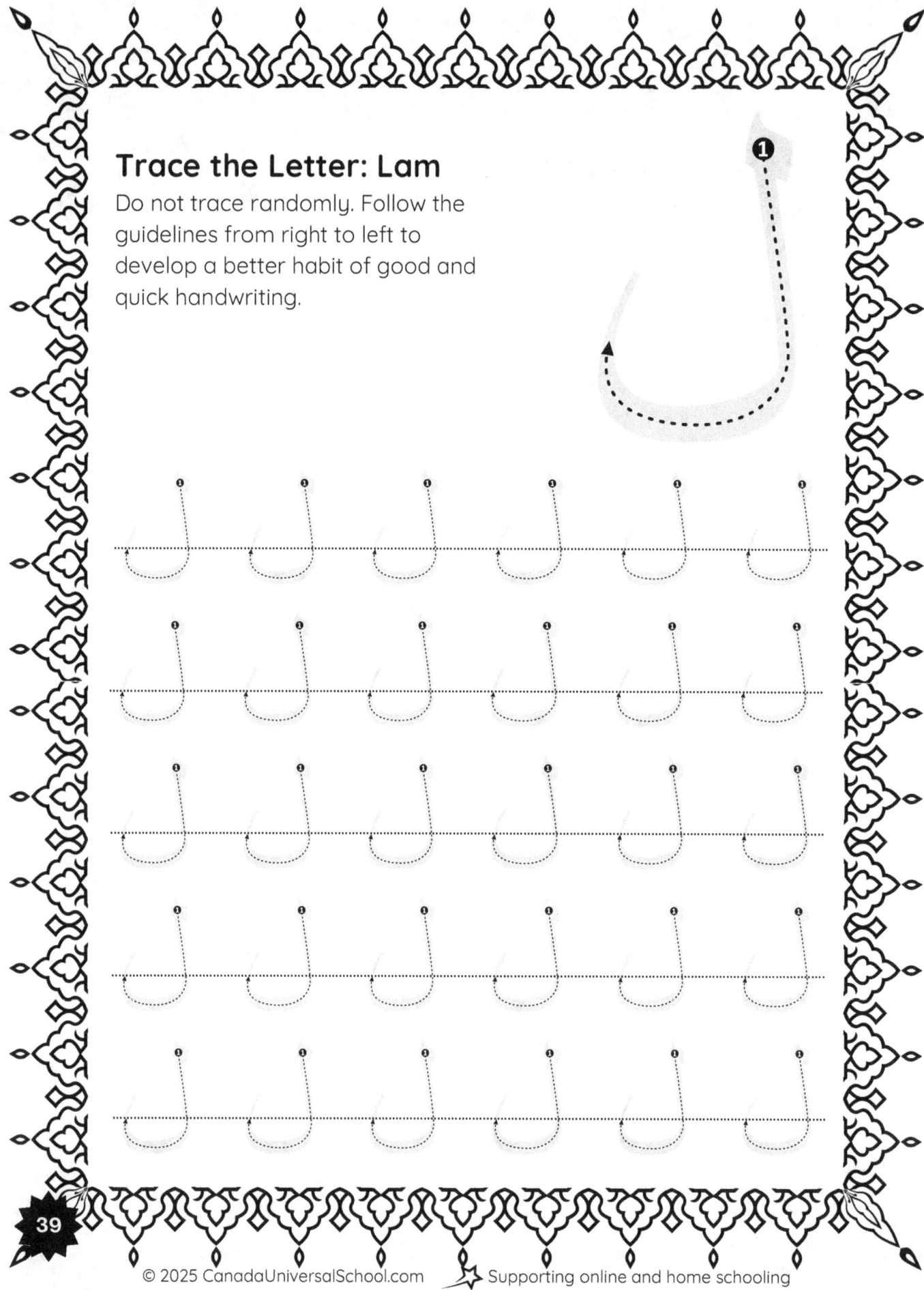

Trace the Letter: Meem

Do not trace randomly. Follow the guidelines from right to left to develop a better habit of good and quick handwriting.

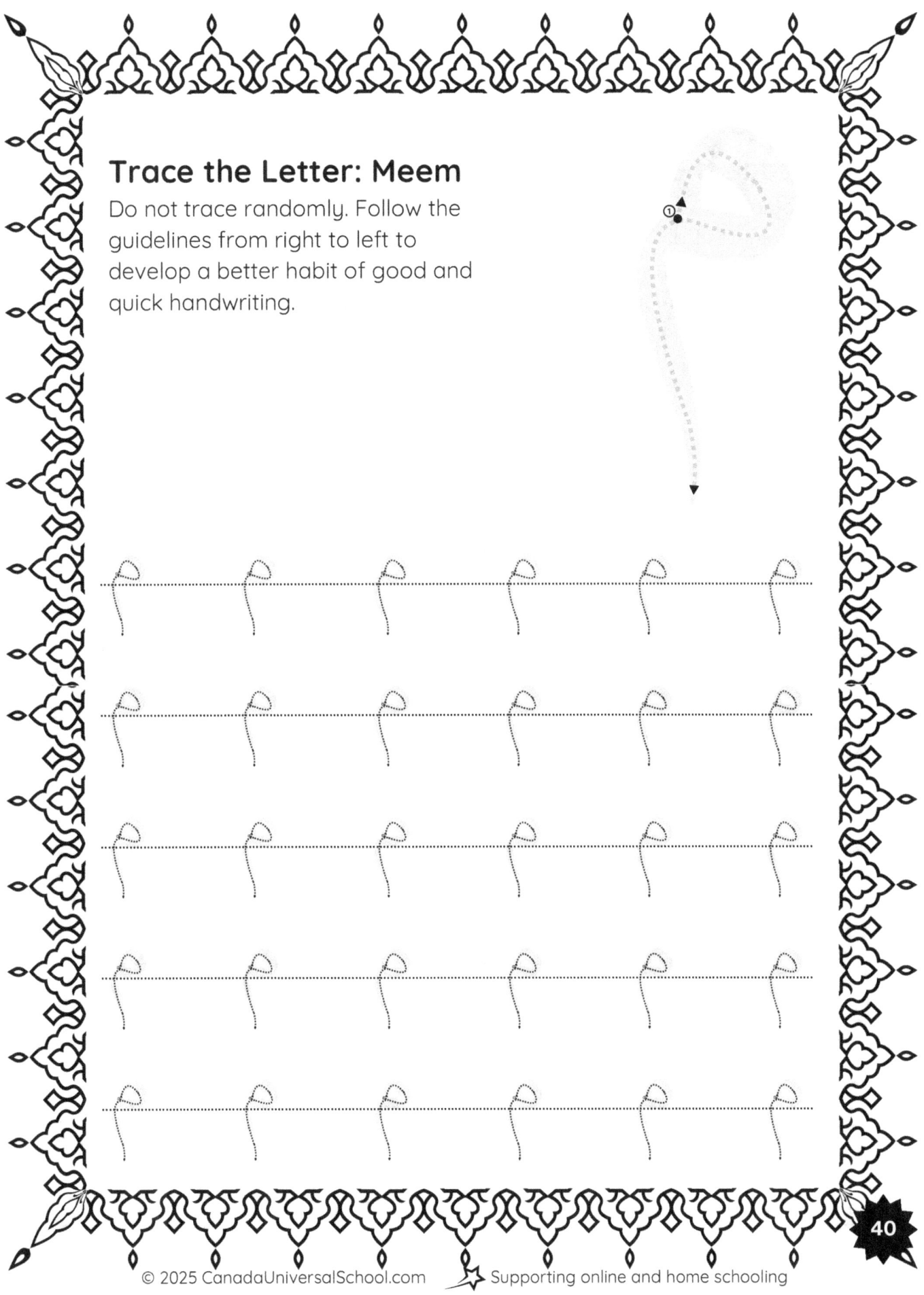

Trace the Letter: Noon

Do not trace randomly. Follow the guidelines from right to left to develop a better habit of good and quick handwriting.

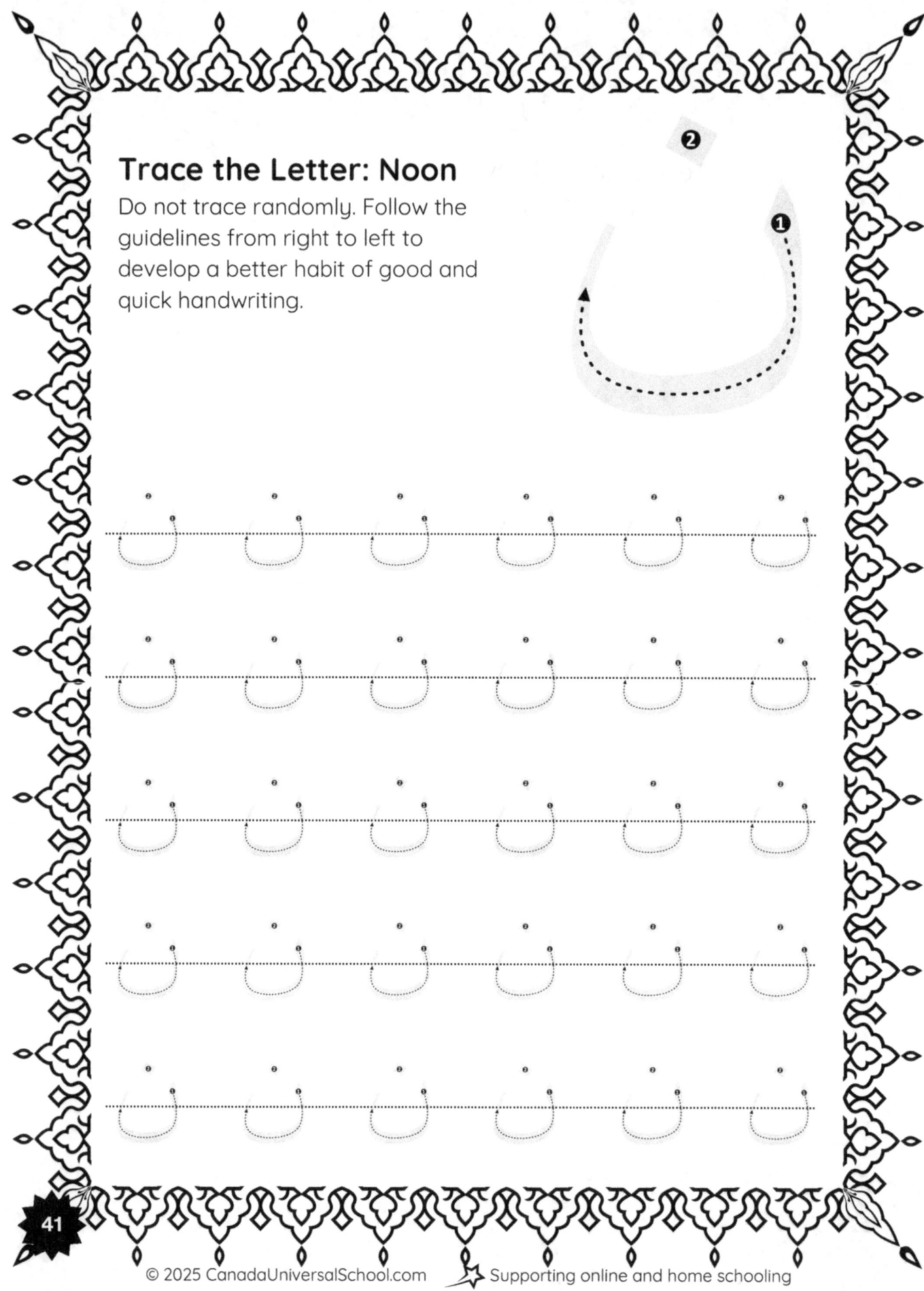

Trace the Letter: Ha

Do not trace randomly. Follow the guidelines from right to left to develop a better habit of good and quick handwriting.

Trace the Letter: Ha

(a variant)

Do not trace randomly. Follow the guidelines from right to left to develop a better habit of good and quick handwriting.

Trace the Letter: Ha

(a variant)

Do not trace randomly. Follow the guidelines from right to left to develop a better habit of good and quick handwriting.

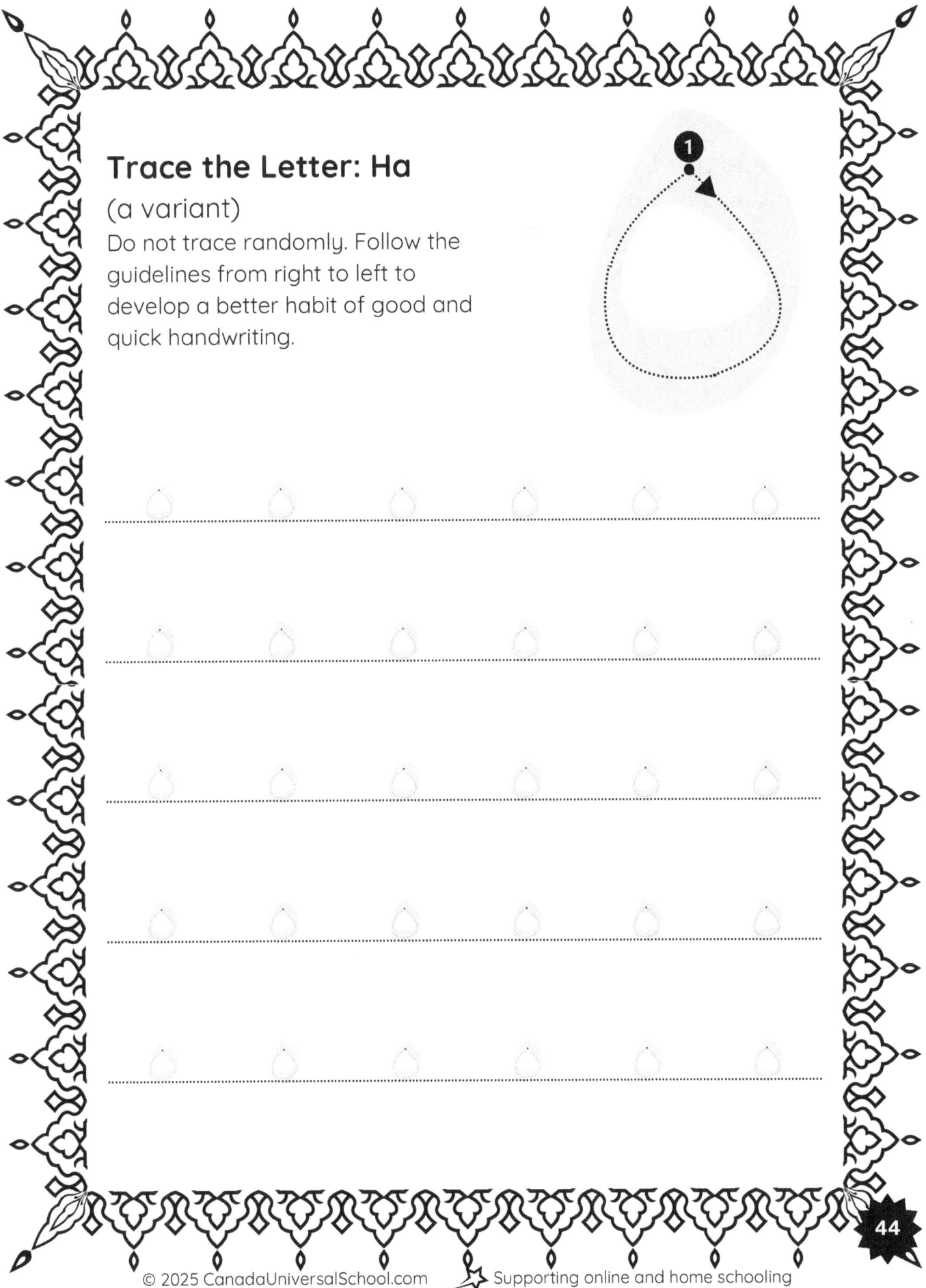

Trace the Letter: Waw

Do not trace randomly. Follow the guidelines from right to left to develop a better habit of good and quick handwriting.

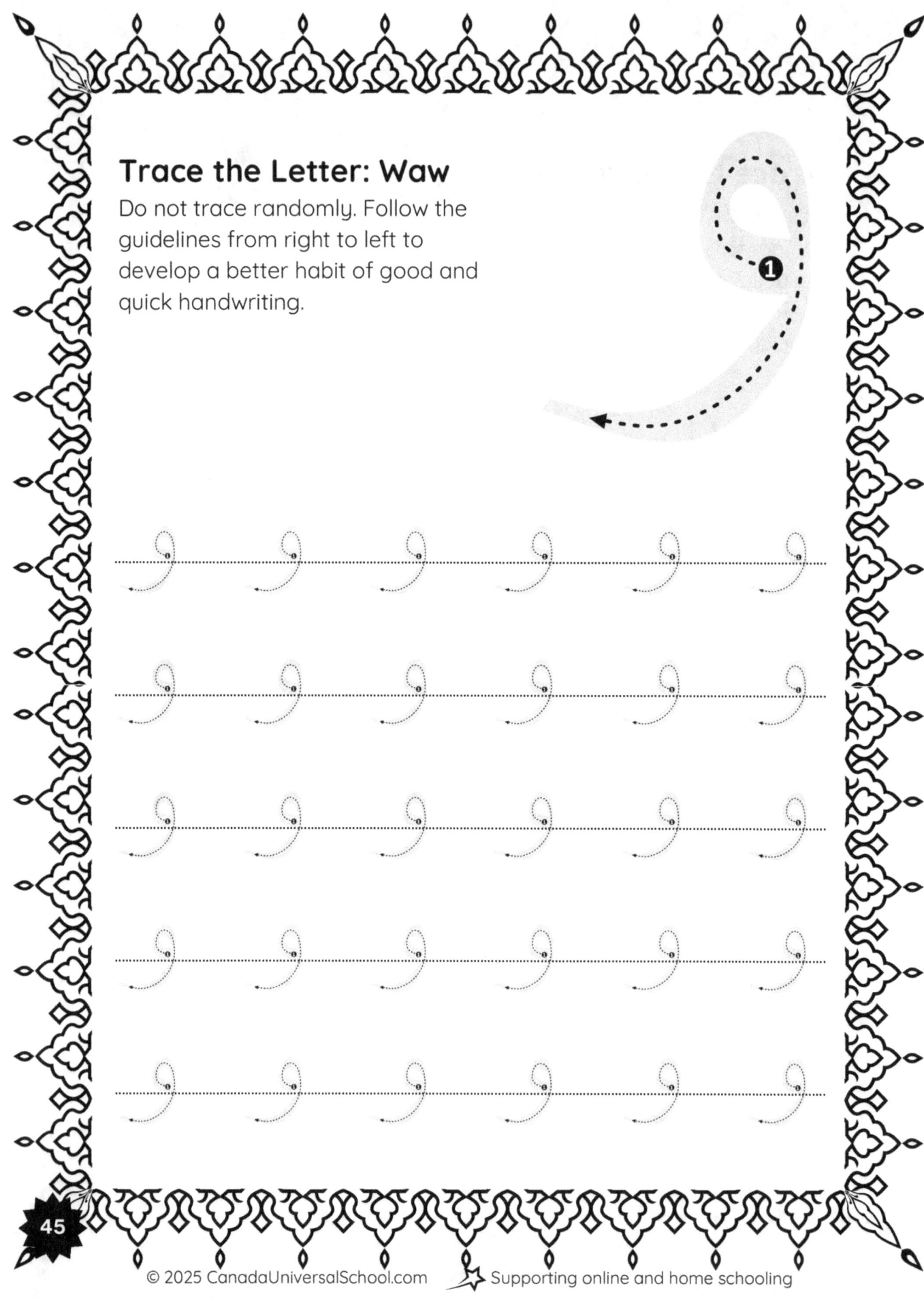

Trace the Letter: Ya

Do not trace randomly. Follow the guidelines from right to left to develop a better habit of good and quick handwriting.

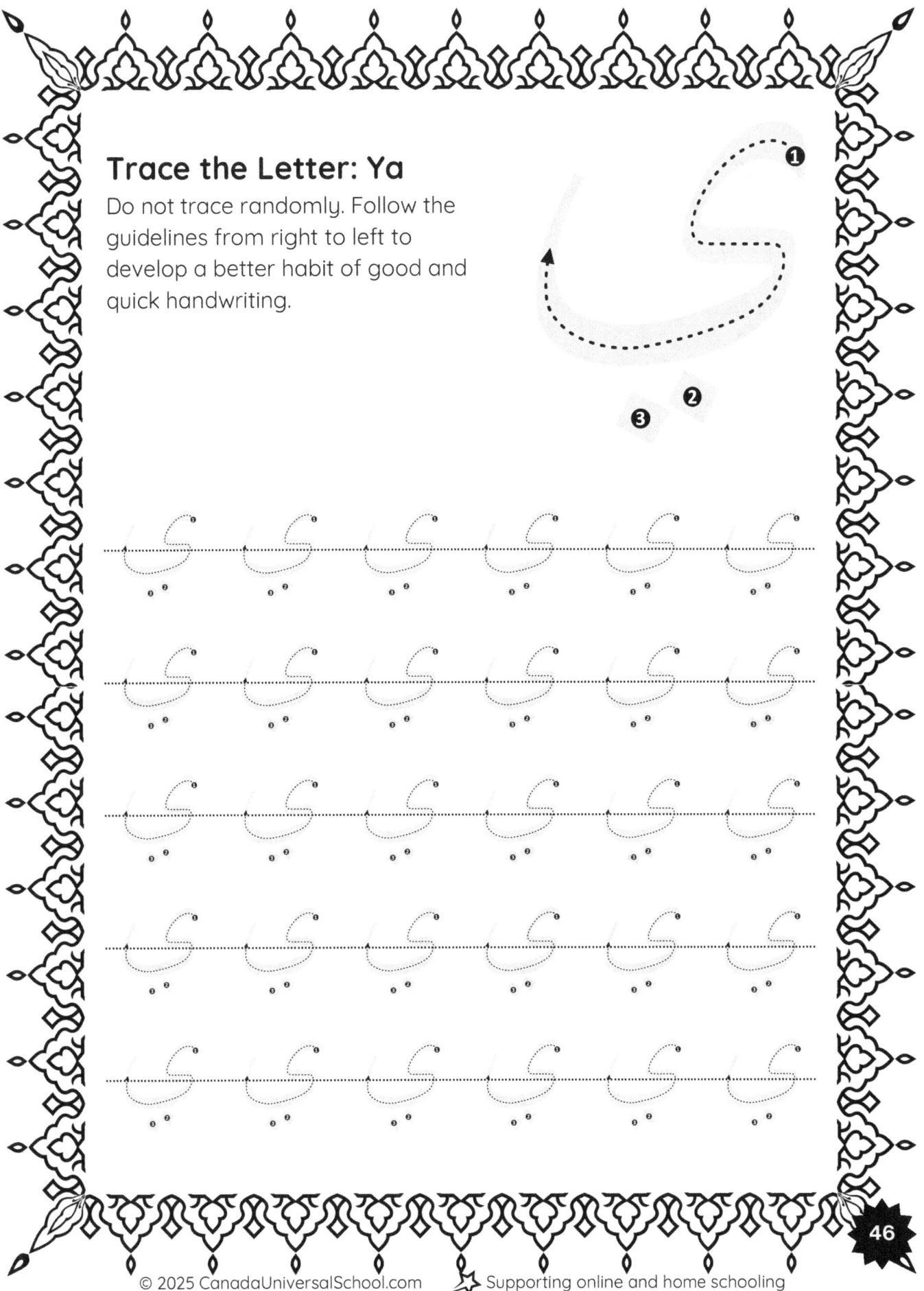

Trace the Letter: Ya

(a variant)

Do not trace randomly. Follow the guidelines from right to left to develop a better habit of good and quick handwriting.

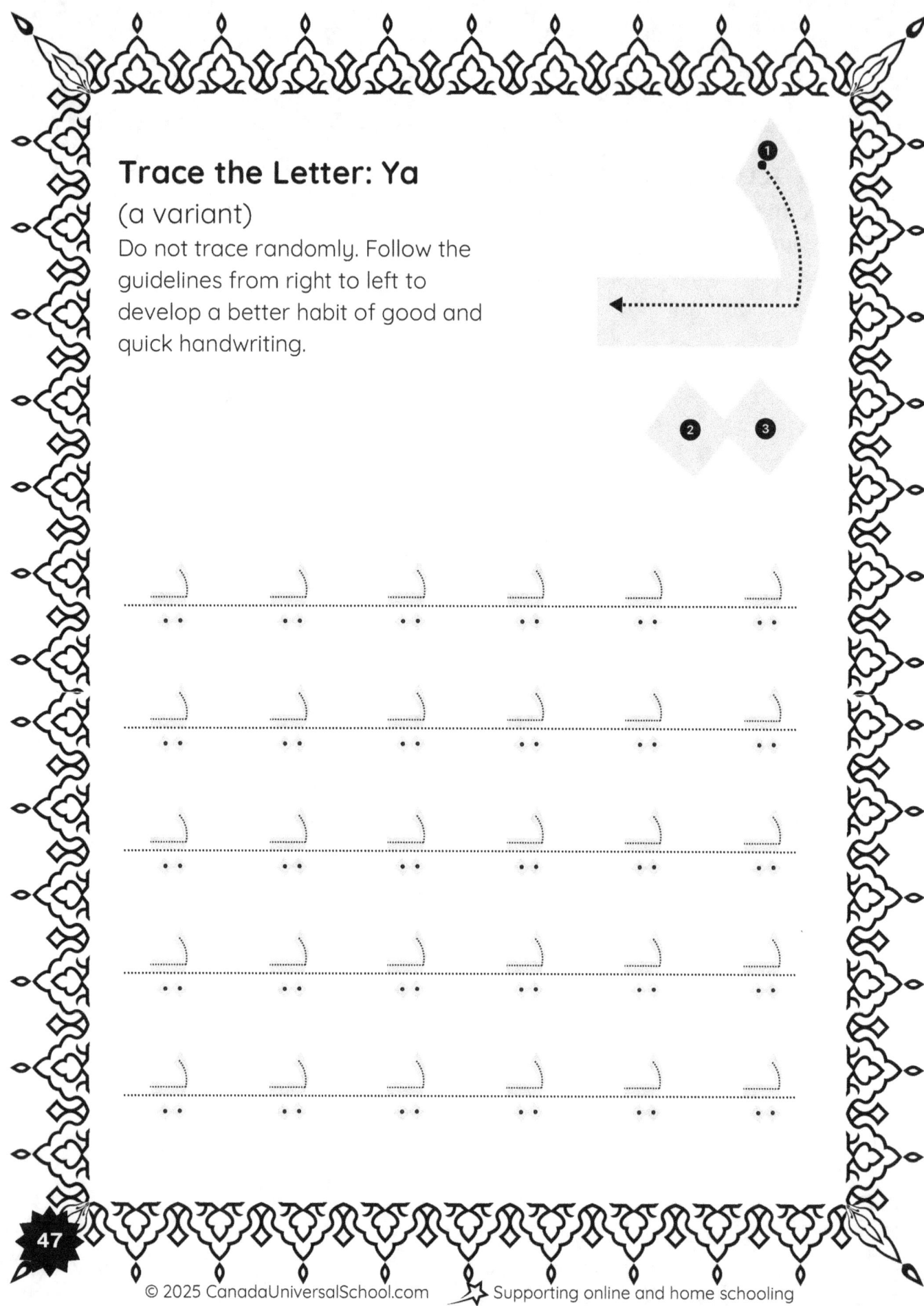

The 6 Arabic Short Vowels

In Arabic, the vowel sounds are not represented by separate letters as in some other languages. Instead, Arabic uses diacritical marks (known as harakat or shakal) to indicate short vowel sounds. There are **six (6) short vowels** and **three (3) long vowels** in Arabic along with other few **additional marks**.

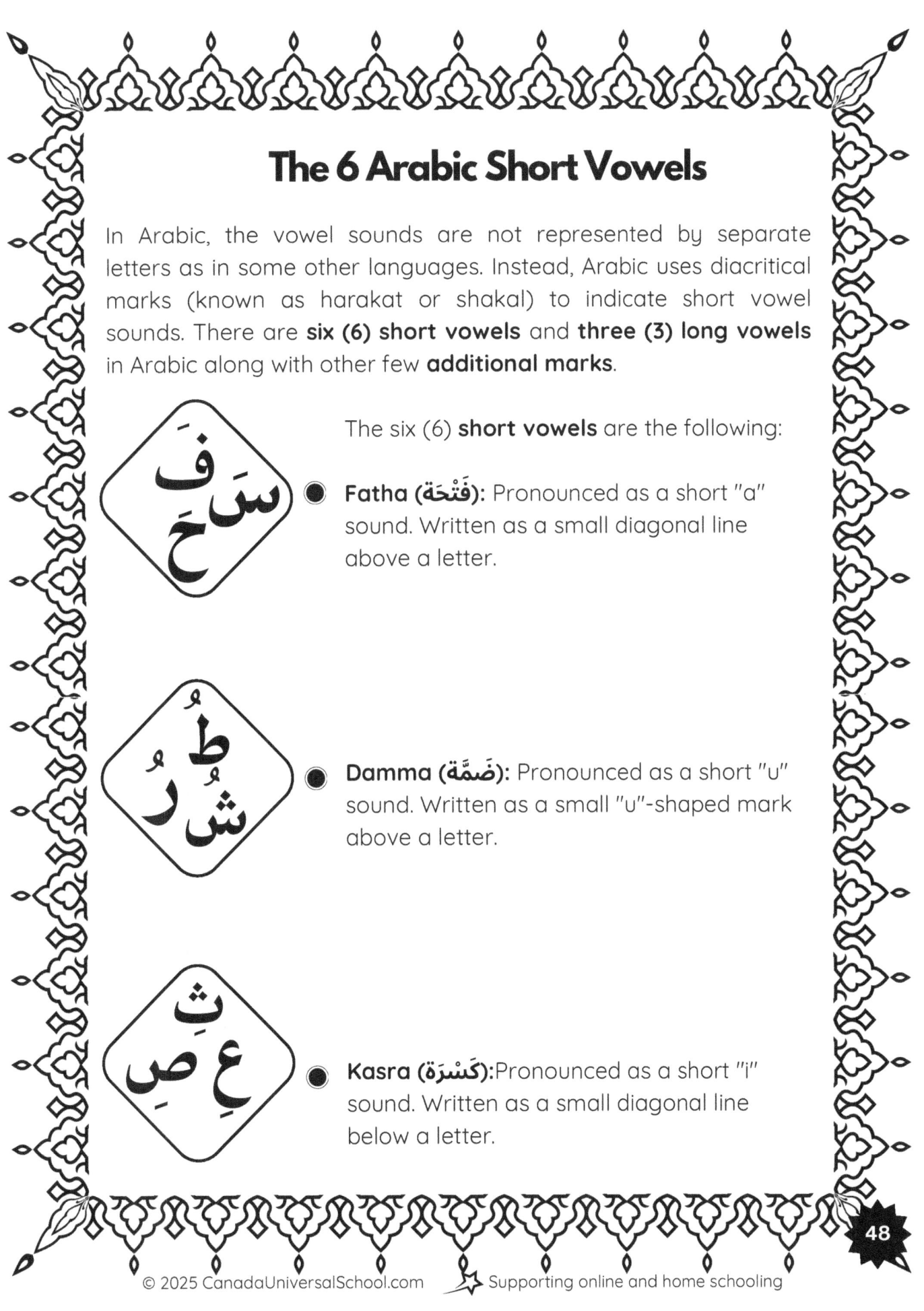

The six (6) **short vowels** are the following:

● **Fatha (فَتْحَة):** Pronounced as a short "a" sound. Written as a small diagonal line above a letter.

● **Damma (ضَمَّة):** Pronounced as a short "u" sound. Written as a small "u"-shaped mark above a letter.

● **Kasra (كَسرَة):** Pronounced as a short "i" sound. Written as a small diagonal line below a letter.

48

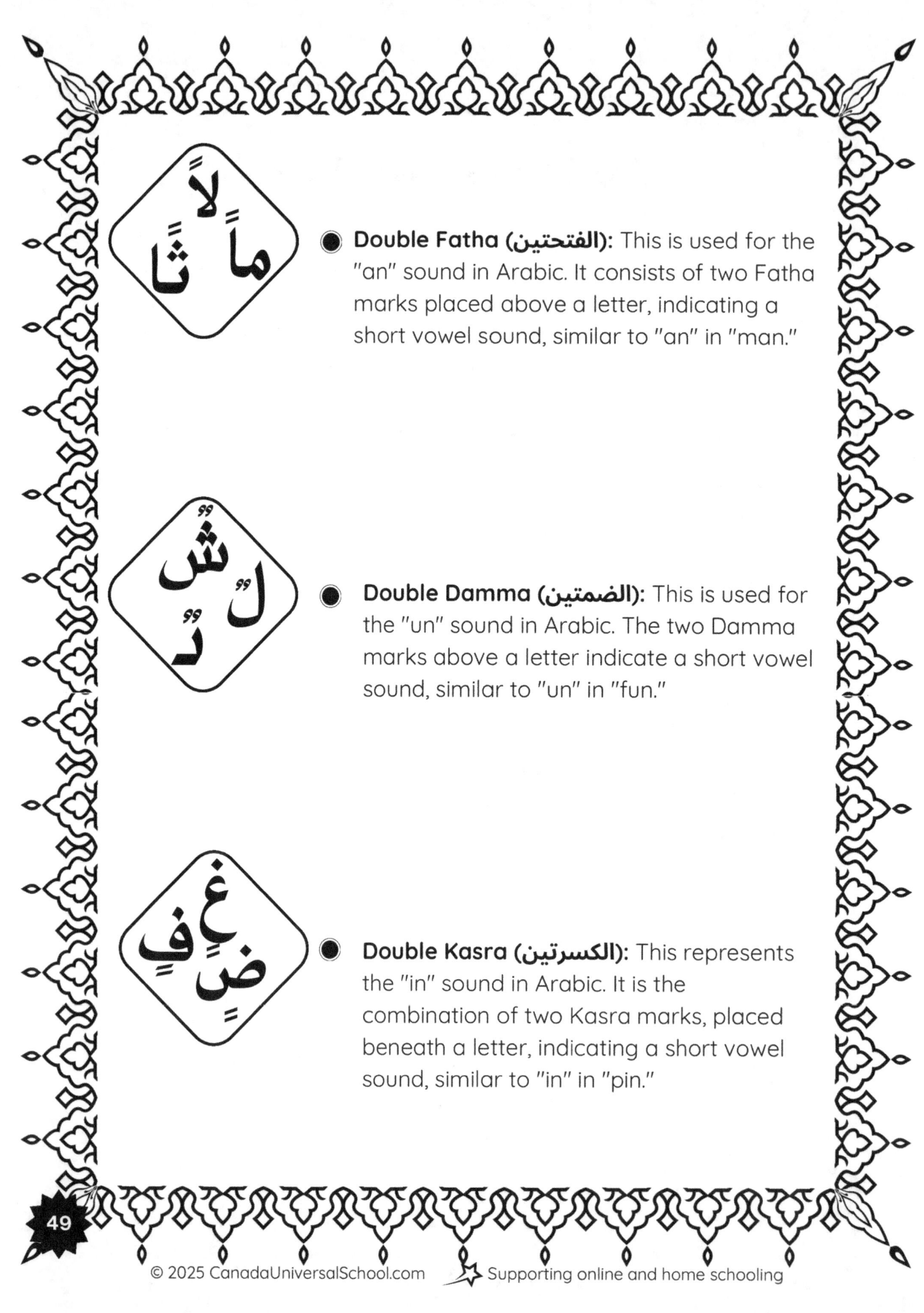

- **Double Fatha (الفتحتين):** This is used for the "an" sound in Arabic. It consists of two Fatha marks placed above a letter, indicating a short vowel sound, similar to "an" in "man."

- **Double Damma (الضمتين):** This is used for the "un" sound in Arabic. The two Damma marks above a letter indicate a short vowel sound, similar to "un" in "fun."

- **Double Kasra (الكسرتين):** This represents the "in" sound in Arabic. It is the combination of two Kasra marks, placed beneath a letter, indicating a short vowel sound, similar to "in" in "pin."

The 3 Arabic Long Vowels

Long vowels in Arabic are represented by three letters: **Alif**, **Waw**, and **Ya**. They can be seen as **extended versions of the short vowels**. Unlike short vowels, which are written above or below the letters, long vowels are integral parts of the word and are written as letters themselves. These long vowels are crucial for correct pronunciation and meaning, as they differentiate words that might otherwise be spelled similarly.

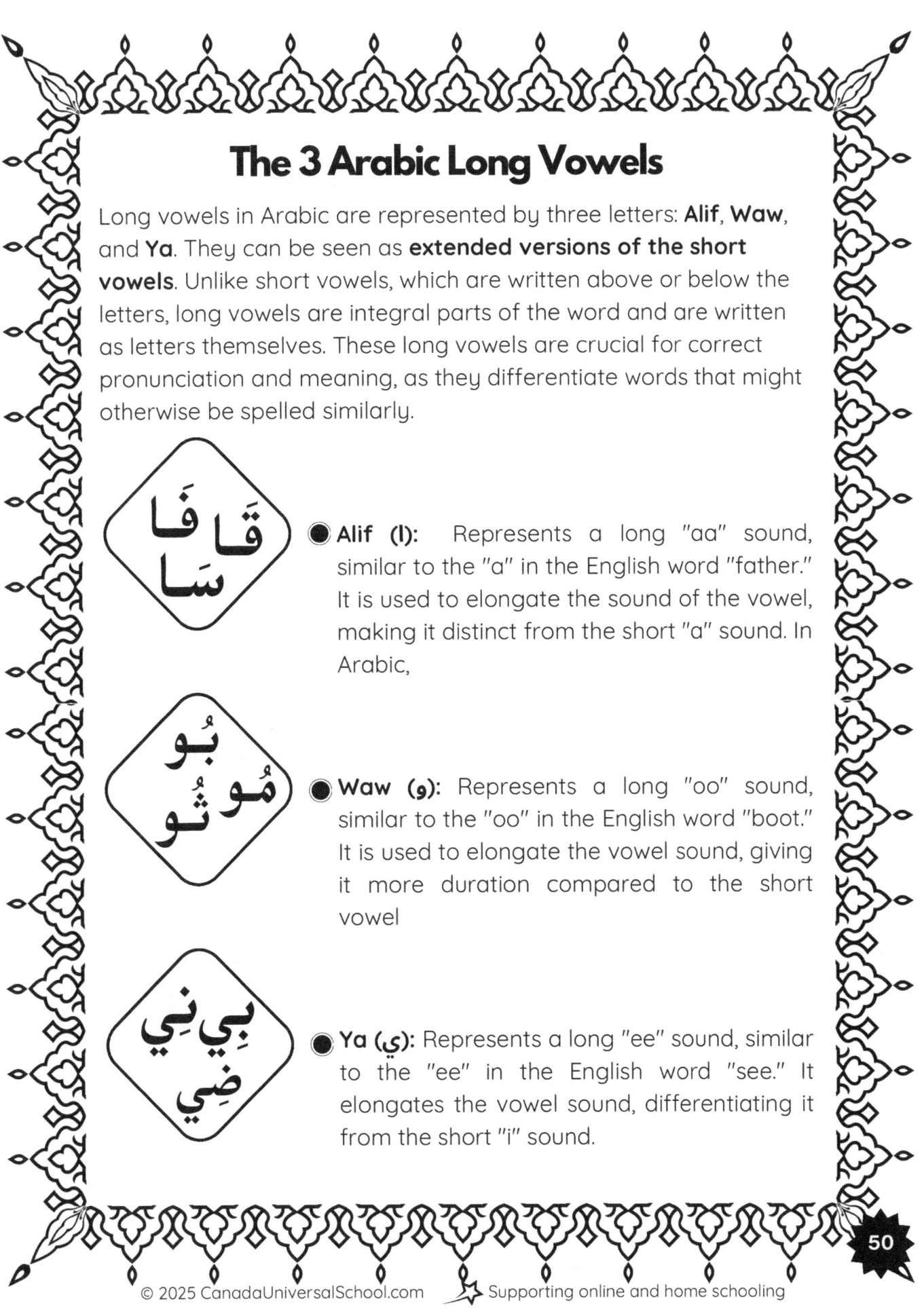

قَ فَا سَا

• **Alif (ا):** Represents a long "aa" sound, similar to the "a" in the English word "father." It is used to elongate the sound of the vowel, making it distinct from the short "a" sound. In Arabic,

بُو مُو ثُو

• **Waw (و):** Represents a long "oo" sound, similar to the "oo" in the English word "boot." It is used to elongate the vowel sound, giving it more duration compared to the short vowel

بِي نِي ضِي

• **Ya (ي):** Represents a long "ee" sound, similar to the "ee" in the English word "see." It elongates the vowel sound, differentiating it from the short "i" sound.

50

The 3 Additional Marks

ب رْ طْ

● **Sukun (سُكُون):** Sukun is represented by a small circle placed above a consonant, sukun indicates the absence of a short vowel following that consonant. In other words, it shows that the consonant is not accompanied by a vowel sound, signifying a pause or a "dead" consonant in pronunciation.

ضّ غِّ مُّ

● **Shadda (شَدَّة):** Shadda is represented by a small "w"-shaped mark placed above a consonant. It signifies the doubling or emphasis of the consonant sound, indicating that the consonant should be pronounced with greater intensity or for an extended duration. This mark is essential in distinguishing words where consonant doubling changes the meaning.

آ

● **Maddah (مَدَّة):** A tilde-like mark (~) placed above the letter Alif. It indicates a prolonged vowel sound.

What is Shakal ?

Shakal (شَكْل) in Arabic refers to the system of diacritical marks (the vowels and the additional marks) used to indicate the correct pronunciation of Arabic words. The key elements of Shakal include: **Fatha** (فَتْحَة), **Damma** (ضَمَّة), **Kasra** (كَسْرَة), **Sukun** (سُكُون), **Shadda** (شَدَّة), **Maddah** (مَدَّة) and **Tanween** (تَنْوِين) (double fatha, double kasra and double damma)

The Purpose of Shakal:

- **Clarifies pronunciation**: In Arabic, many words can be spelled the same but have different meanings based on pronunciation. Shakal helps differentiate between these words.

- **Ensures proper recitation:** This is especially important in the context of the Quran and classical Arabic texts, where pronunciation and meaning are closely linked.

- **Aids learners:** For non-native speakers or beginners, Shakal provides the necessary guidance to pronounce words correctly.

While Shakal marks are commonly used in Quranic texts and beginner language materials for clarity, **at an advanced level, you no longer need Shakal** to write, read, or understand Arabic texts. For this reason, Shakal is omitted in everyday written Arabic (such as newspapers, books, or websites.

Do not trace aimlessly. Follow the guidelines to develop a habit of neat and quick handwriting.

For example, with the letter 'Ba':
1. Start by tracing the main part of the letter.
2. Add the dot beneath it.
3. Finally, include the appropriate diacritical marks (Shakal) above or below, depending on the case

Part 2

Notice

The font used in writing the following Quranic texts with **Shakal** is beautiful, suitable, and helps improve handwriting. However, there is a minor inconvenience regarding the use of **Shadda**, as in the case where a **Fatha**, **Damma**, or **Tanween** is combined with a **Shadda**, both marks become mixed. You can trace the mixed marks as a **Shadda** and add the proper mark above it, as shown in the following examples.

إِنَّ ← إِنَّ

الْحَقُّ ← الْحَقُّ

سَدًّا ← سَدًّا

نَصٌّ ← نَصٌّ

Numerals Used

You will encounter Eastern Arabic or Arabic-Indic numerals in this activity book. Below are the corresponding Western numerals.

Arabic-Indic Numerals	Arabic Numerals (Western)
٠	0
١	1
٢	2
٣	3
٤	4
٥	5
٦	6
٧	7
٨	8
٩	9

Let's Trace

For better learning outcomes, we recommend the following:

- Start with **Block 1** workbooks if you are a beginner.

- Avoid tracing randomly. **Follow the guidelines** provided in the Warm-up section and Block 1 workbooks to develop good handwriting habits, ensuring both speed and accuracy.

- **Pronounce** the words aloud while tracing. You may find it helpful to use an online resource to assist with pronunciation.

017 سُورَةُ الإِسْرَاء

بِسْمِ اللهِ الرَّحْمٰنِ الرَّحِيمِ

سُبْحَانَ الَّذِي أَسْرَى بِعَبْدِهِ لَيْلًا مِنَ الْمَسْجِدِ الْحَرَامِ إِلَى الْمَسْجِدِ الْأَقْصَى الَّذِي بَارَكْنَا حَوْلَهُ لِنُرِيَهُ مِنْ آيَاتِنَا إِنَّهُ هُوَ السَّمِيعُ الْبَصِيرُ (١) وَآتَيْنَا مُوسَى الْكِتَابَ وَجَعَلْنَاهُ هُدًى لِبَنِي إِسْرَائِيلَ

أَلَّا تَتَّخِذُوا مِن دُونِي وَكِيلًا ﴿٢﴾

ذُرِّيَّةَ مَنْ حَمَلْنَا مَعَ نُوحٍ إِنَّهُ كَانَ

عَبْدًا شَكُورًا ﴿٣﴾ وَقَضَيْنَا إِلَىٰ بَنِي

إِسْرَائِيلَ فِي الْكِتَابِ لَتُفْسِدُنَّ فِي

الْأَرْضِ مَرَّتَيْنِ وَلَتَعْلُنَّ عُلُوًّا كَبِيرًا

﴿٤﴾ فَإِذَا جَاءَ وَعْدُ أُولَاهُمَا بَعَثْنَا

عَلَيْكُمْ عِبَادًا لَنَا أُولِي بَأْسٍ شَدِيدٍ

فَجَاسُوا خِلَالَ الدِّيَارِ وَكَانَ وَعْدًا

مَفْعُولًا ﴿٥﴾

ثُمَّ رَدَدْنَا لَكُمُ الْكَرَّةَ عَلَيْهِمْ

وَأَمْدَدْنَاكُم بِأَمْوَالٍ وَبَنِينَ

وَجَعَلْنَاكُمْ أَكْثَرَ نَفِيرًا ﴿٦﴾ إِنْ

أَحْسَنتُمْ أَحْسَنتُمْ لِأَنفُسِكُمْ وَإِنْ

أَسَأْتُمْ فَلَهَا فَإِذَا جَاءَ وَعْدُ الْآخِرَةِ

لِيَسُوؤُوا وُجُوهَكُمْ وَلِيَدْخُلُوا

الْمَسْجِدَ كَمَا دَخَلُوهُ أَوَّلَ مَرَّةٍ

وَلِيُتَبِّرُوا مَا عَلَوْا تَتْبِيرًا ﴿٧﴾ عَسَى

رَبُّكُمْ أَن يَرْحَمَكُمْ

وَإِنْ عُدْتُمْ عُدْنَا وَجَعَلْنَا جَهَنَّمَ

لِلْكَافِرِينَ حَصِيرًا (٨) إِنَّ هَٰذَا

الْقُرْآنَ يَهْدِي لِلَّتِي هِيَ أَقْوَمُ

وَيُبَشِّرُ الْمُؤْمِنِينَ الَّذِينَ يَعْمَلُونَ

الصَّالِحَاتِ أَنَّ لَهُمْ أَجْرًا كَبِيرًا

(٩) وَأَنَّ الَّذِينَ لَا يُؤْمِنُونَ بِالْآخِرَةِ

أَعْتَدْنَا لَهُمْ عَذَابًا أَلِيمًا (١٠) وَيَدْعُ

الْإِنْسَانُ بِالشَّرِّ دُعَاءَهُ بِالْخَيْرِ

وَكَانَ الْإِنْسَانُ عَجُولًا (١١)

وَجَعَلْنَا اللَّيْلَ وَالنَّهَارَ آيَتَيْنِ فَمَحَوْنَا

آيَةَ اللَّيْلِ وَجَعَلْنَا آيَةَ النَّهَارِ مُبْصِرَةً

لِتَبْتَغُوا فَضْلًا مِّن رَّبِّكُمْ وَلِتَعْلَمُوا

عَدَدَ السِّنِينَ وَالْحِسَابَ وَكُلَّ شَيْءٍ

فَصَّلْنَاهُ تَفْصِيلًا (١٢) وَكُلَّ إِنسَانٍ

أَلْزَمْنَاهُ طَائِرَهُ فِي عُنُقِهِ وَنُخْرِجُ لَهُ

يَوْمَ الْقِيَامَةِ كِتَابًا يَلْقَاهُ مَنشُورًا

(١٣) اقْرَأْ كِتَابَكَ كَفَى بِنَفْسِكَ

الْيَوْمَ عَلَيْكَ حَسِيبًا (١٤)

مَنِ اهْتَدَى فَإِنَّمَا يَهْتَدِي لِنَفْسِهِ

وَمَن ضَلَّ فَإِنَّمَا يَضِلُّ عَلَيْهَا وَلَا تَزِرُ

وَازِرَةٌ وِزْرَ أُخْرَى وَمَا كُنَّا مُعَذِّبِينَ

حَتَّى نَبْعَثَ رَسُولًا (١٥) وَإِذَا أَرَدْنَا

أَن نُّهْلِكَ قَرْيَةً أَمَرْنَا مُتْرَفِيهَا

فَفَسَقُوا فِيهَا فَحَقَّ عَلَيْهَا الْقَوْلُ

فَدَمَّرْنَاهَا تَدْمِيرًا (١٦) وَكَمْ

أَهْلَكْنَا مِنَ الْقُرُونِ مِن بَعْدِ نُوحٍ

وَكَفَىٰ بِرَبِّكَ بِذُنُوبِ عِبَادِهِ خَبِيرًا
بَصِيرًا (١٧) مَّن كَانَ يُرِيدُ
الْعَاجِلَةَ عَجَّلْنَا لَهُ فِيهَا مَا نَشَاءُ
لِمَن نُّرِيدُ ثُمَّ جَعَلْنَا لَهُ جَهَنَّمَ
يَصْلَاهَا مَذْمُومًا مَّدْحُورًا (١٨)
وَمَنْ أَرَادَ الْآخِرَةَ وَسَعَىٰ لَهَا سَعْيَهَا
وَهُوَ مُؤْمِنٌ فَأُولَٰئِكَ كَانَ سَعْيُهُم
مَّشْكُورًا (١٩) كُلًّا نُّمِدُّ هَٰؤُلَاءِ
وَهَٰؤُلَاءِ مِنْ عَطَاءِ رَبِّكَ

وَمَا كَانَ عَطَاءُ رَبِّكَ مَحْظُورًا (٢٠)

انْظُرْ كَيْفَ فَضَّلْنَا بَعْضَهُمْ عَلَى

بَعْضٍ وَلَلْآخِرَةُ أَكْبَرُ دَرَجَاتٍ

وَأَكْبَرُ تَفْضِيلًا (٢١) لَا تَجْعَلْ مَعَ

اللَّهِ إِلَهًا آخَرَ فَتَقْعُدَ مَذْمُومًا

مَخْذُولًا (٢٢) وَقَضَى رَبُّكَ أَلَّا

تَعْبُدُوا إِلَّا إِيَّاهُ وَبِالْوَالِدَيْنِ إِحْسَانًا

إِمَّا يَبْلُغَنَّ عِنْدَكَ الْكِبَرَ أَحَدُهُمَا أَوْ

كِلَاهُمَا

فَلَا تَقُل لَّهُمَآ أُفٍّ وَلَا تَنْهَرْهُمَا وَقُل

لَّهُمَا قَوْلًا كَرِيمًا ﴿٢٣﴾ وَاخْفِضْ

لَهُمَا جَنَاحَ الذُّلِّ مِنَ الرَّحْمَةِ وَقُل

رَّبِّ ارْحَمْهُمَا كَمَا رَبَّيَانِي صَغِيرًا

﴿٢٤﴾ رَّبُّكُمْ أَعْلَمُ بِمَا فِي نُفُوسِكُمْ

إِن تَكُونُوا صَالِحِينَ فَإِنَّهُ كَانَ

لِلْأَوَّابِينَ غَفُورًا ﴿٢٥﴾ وَآتِ ذَا

الْقُرْبَىٰ حَقَّهُ وَالْمِسْكِينَ وَابْنَ

السَّبِيلِ وَلَا تُبَذِّرْ تَبْذِيرًا ﴿٢٦﴾

إِنَّ الْمُبَذِّرِينَ كَانُوا إِخْوَانَ الشَّيَاطِينِ وَكَانَ الشَّيْطَانُ لِرَبِّهِ كَفُورًا ﴿٢٧﴾ وَإِمَّا تُعْرِضَنَّ عَنْهُمُ ابْتِغَاءَ رَحْمَةٍ مِنْ رَبِّكَ تَرْجُوهَا فَقُلْ لَهُمْ قَوْلًا مَيْسُورًا ﴿٢٨﴾ وَلَا تَجْعَلْ يَدَكَ مَغْلُولَةً إِلَى عُنُقِكَ وَلَا تَبْسُطْهَا كُلَّ الْبَسْطِ فَتَقْعُدَ مَلُومًا مَحْسُورًا ﴿٢٩﴾ إِنَّ رَبَّكَ يَبْسُطُ الرِّزْقَ لِمَنْ يَشَاءُ وَيَقْدِرُ

إِنَّهُ كَانَ بِعِبَادِهِ خَبِيرًا بَصِيرًا (٣٠) وَلَا تَقْتُلُوا أَوْلَادَكُمْ خَشْيَةَ إِمْلَاقٍ نَحْنُ نَرْزُقُهُمْ وَإِيَّاكُمْ إِنَّ قَتْلَهُمْ كَانَ خِطْئًا كَبِيرًا (٣١) وَلَا تَقْرَبُوا الزِّنَى إِنَّهُ كَانَ فَاحِشَةً وَسَاءَ سَبِيلًا (٣٢) وَلَا تَقْتُلُوا النَّفْسَ الَّتِي حَرَّمَ اللَّهُ إِلَّا بِالْحَقِّ وَمَنْ قُتِلَ مَظْلُومًا فَقَدْ جَعَلْنَا لِوَلِيِّهِ سُلْطَانًا فَلَا يُسْرِفْ فِي الْقَتْلِ إِنَّهُ كَانَ مَنْصُورًا (٣٣)

وَلَا تَقْرَبُوا مَالَ الْيَتِيمِ إِلَّا بِالَّتِي هِيَ أَحْسَنُ حَتَّى يَبْلُغَ أَشُدَّهُ وَأَوْفُوا بِالْعَهْدِ إِنَّ الْعَهْدَ كَانَ مَسْئُولًا (٣٤) وَأَوْفُوا الْكَيْلَ إِذَا كِلْتُمْ وَزِنُوا بِالْقِسْطَاسِ الْمُسْتَقِيمِ ذَلِكَ خَيْرٌ وَأَحْسَنُ تَأْوِيلًا (٣٥) وَلَا تَقْفُ مَا لَيْسَ لَكَ بِهِ عِلْمٌ إِنَّ السَّمْعَ وَالْبَصَرَ وَالْفُؤَادَ كُلُّ أُولَئِكَ كَانَ عَنْهُ مَسْئُولًا (٣٦)

وَلَا تَمْشِ فِي الْأَرْضِ مَرَحًا إِنَّكَ لَن تَخْرِقَ الْأَرْضَ وَلَن تَبْلُغَ الْجِبَالَ طُولًا ﴿٣٧﴾ كُلُّ ذَٰلِكَ كَانَ سَيِّئُهُ عِندَ رَبِّكَ مَكْرُوهًا ﴿٣٨﴾ ذَٰلِكَ مِمَّا أَوْحَىٰ إِلَيْكَ رَبُّكَ مِنَ الْحِكْمَةِ ۗ وَلَا تَجْعَلْ مَعَ اللَّهِ إِلَٰهًا آخَرَ فَتُلْقَىٰ فِي جَهَنَّمَ مَلُومًا مَّدْحُورًا ﴿٣٩﴾ أَفَأَصْفَاكُمْ رَبُّكُم بِالْبَنِينَ وَاتَّخَذَ مِنَ الْمَلَائِكَةِ إِنَاثًا

إِنَّكُمْ لَتَقُولُونَ قَوْلًا عَظِيمًا (٤٠)

وَلَقَدْ صَرَّفْنَا فِي هَٰذَا الْقُرْآنِ

لِيَذَّكَّرُوا وَمَا يَزِيدُهُمْ إِلَّا نُفُورًا

(٤١) قُلْ لَوْ كَانَ مَعَهُ آلِهَةٌ كَمَا

يَقُولُونَ إِذًا لَابْتَغَوْا إِلَىٰ ذِي الْعَرْشِ

سَبِيلًا (٤٢) سُبْحَانَهُ وَتَعَالَىٰ عَمَّا

يَقُولُونَ عُلُوًّا كَبِيرًا (٤٣) تُسَبِّحُ لَهُ

السَّمَاوَاتُ السَّبْعُ وَالْأَرْضُ وَمَنْ

فِيهِنَّ

وَإِن مِّن شَيْءٍ إِلَّا يُسَبِّحُ بِحَمْدِهِ وَلَـٰكِن لَّا تَفْقَهُونَ تَسْبِيحَهُمْ ۗ إِنَّهُ كَانَ حَلِيمًا غَفُورًا ﴿٤٤﴾ وَإِذَا قَرَأْتَ الْقُرْآنَ جَعَلْنَا بَيْنَكَ وَبَيْنَ الَّذِينَ لَا يُؤْمِنُونَ بِالْآخِرَةِ حِجَابًا مَّسْتُورًا ﴿٤٥﴾ وَجَعَلْنَا عَلَىٰ قُلُوبِهِمْ أَكِنَّةً أَن يَفْقَهُوهُ وَفِي آذَانِهِمْ وَقْرًا ۚ وَإِذَا ذَكَرْتَ رَبَّكَ فِي الْقُرْآنِ وَحْدَهُ وَلَّوْا عَلَىٰ أَدْبَارِهِمْ نُفُورًا ﴿٤٦﴾

نَحْنُ أَعْلَمُ بِمَا يَسْتَمِعُونَ بِهِ إِذْ

يَسْتَمِعُونَ إِلَيْكَ وَإِذْ هُمْ نَجْوَى إِذْ

يَقُولُ الظَّالِمُونَ إِنْ تَتَّبِعُونَ إِلَّا رَجُلًا

مَسْحُورًا (٤٧) انْظُرْ كَيْفَ ضَرَبُوا

لَكَ الْأَمْثَالَ فَضَلُّوا فَلَا يَسْتَطِيعُونَ

سَبِيلًا (٤٨) وَقَالُوا أَإِذَا كُنَّا عِظَامًا

وَرُفَاتًا أَإِنَّا لَمَبْعُوثُونَ خَلْقًا جَدِيدًا

(٤٩) قُلْ كُونُوا حِجَارَةً أَوْ حَدِيدًا

(٥٠)

أَوْ خَلْقًا مِمَّا يَكْبُرُ فِي صُدُورِكُمْ ۚ

فَسَيَقُولُونَ مَنْ يُعِيدُنَا ۖ قُلِ الَّذِي

فَطَرَكُمْ أَوَّلَ مَرَّةٍ ۚ فَسَيُنْغِضُونَ إِلَيْكَ

رُءُوسَهُمْ وَيَقُولُونَ مَتَىٰ هُوَ ۖ قُلْ

عَسَىٰ أَنْ يَكُونَ قَرِيبًا ﴿٥١﴾ يَوْمَ

يَدْعُوكُمْ فَتَسْتَجِيبُونَ بِحَمْدِهِ

وَتَظُنُّونَ إِنْ لَبِثْتُمْ إِلَّا قَلِيلًا ﴿٥٢﴾

وَقُلْ لِعِبَادِي يَقُولُوا الَّتِي هِيَ

أَحْسَنُ ۚ إِنَّ الشَّيْطَانَ يَنْزَغُ بَيْنَهُمْ

إِنَّ الشَّيْطَانَ كَانَ لِلْإِنْسَانِ عَدُوًّا مُبِينًا ﴿٥٣﴾ رَبُّكُمْ أَعْلَمُ بِكُمْ ۖ إِن يَشَأْ يَرْحَمْكُمْ أَوْ إِن يَشَأْ يُعَذِّبْكُمْ ۚ وَمَا أَرْسَلْنَاكَ عَلَيْهِمْ وَكِيلًا ﴿٥٤﴾ وَرَبُّكَ أَعْلَمُ بِمَن فِي السَّمَاوَاتِ وَالْأَرْضِ ۗ وَلَقَدْ فَضَّلْنَا بَعْضَ النَّبِيِّينَ عَلَىٰ بَعْضٍ ۖ وَآتَيْنَا دَاوُودَ زَبُورًا ﴿٥٥﴾ قُلِ ادْعُوا الَّذِينَ زَعَمْتُم مِّن دُونِهِ فَلَا يَمْلِكُونَ

كَشَفَ الضُّرِّ عَنكُمْ وَلَا تَحْوِيلًا

(٥٦) أُولَٰئِكَ الَّذِينَ يَدْعُونَ

يَبْتَغُونَ إِلَىٰ رَبِّهِمُ الْوَسِيلَةَ أَيُّهُمْ

أَقْرَبُ وَيَرْجُونَ رَحْمَتَهُ وَيَخَافُونَ

عَذَابَهُ إِنَّ عَذَابَ رَبِّكَ كَانَ

مَحْذُورًا (٥٧) وَإِن مِّن قَرْيَةٍ إِلَّا

نَحْنُ مُهْلِكُوهَا قَبْلَ يَوْمِ الْقِيَامَةِ أَوْ

مُعَذِّبُوهَا عَذَابًا شَدِيدًا كَانَ ذَٰلِكَ

فِي الْكِتَابِ مَسْطُورًا (٥٨)

وَمَا مَنَعَنَا أَن نُّرْسِلَ بِالْآيَاتِ إِلَّا أَن

كَذَّبَ بِهَا الْأَوَّلُونَ وَآتَيْنَا ثَمُودَ

النَّاقَةَ مُبْصِرَةً فَظَلَمُوا بِهَا وَمَا

نُرْسِلُ بِالْآيَاتِ إِلَّا تَخْوِيفًا ﴿٥٩﴾

وَإِذْ قُلْنَا لَكَ إِنَّ رَبَّكَ أَحَاطَ

بِالنَّاسِ وَمَا جَعَلْنَا الرُّؤْيَا الَّتِي

أَرَيْنَاكَ إِلَّا فِتْنَةً لِّلنَّاسِ وَالشَّجَرَةَ

الْمَلْعُونَةَ فِي الْقُرْآنِ وَنُخَوِّفُهُمْ فَمَا

يَزِيدُهُمْ إِلَّا طُغْيَانًا كَبِيرًا ﴿٦٠﴾

وَإِذْ قُلْنَا لِلْمَلَائِكَةِ اسْجُدُوا لِآدَمَ فَسَجَدُوا إِلَّا إِبْلِيسَ قَالَ أَأَسْجُدُ لِمَنْ خَلَقْتَ طِينًا ﴿٦١﴾ قَالَ أَرَأَيْتَكَ هَٰذَا الَّذِي كَرَّمْتَ عَلَيَّ لَئِنْ أَخَّرْتَنِ إِلَىٰ يَوْمِ الْقِيَامَةِ لَأَحْتَنِكَنَّ ذُرِّيَّتَهُ إِلَّا قَلِيلًا ﴿٦٢﴾ قَالَ اذْهَبْ فَمَن تَبِعَكَ مِنْهُمْ فَإِنَّ جَهَنَّمَ جَزَاؤُكُمْ جَزَاءً مَّوْفُورًا ﴿٦٣﴾ وَاسْتَفْزِزْ مَنِ اسْتَطَعْتَ مِنْهُم بِصَوْتِكَ

وَأَجْلِبْ عَلَيْهِم بِخَيْلِكَ وَرَجِلِكَ وَشَارِكْهُمْ فِي الْأَمْوَالِ وَالْأَوْلَادِ وَعِدْهُمْ وَمَا يَعِدُهُمُ الشَّيْطَانُ إِلَّا غُرُورًا (٦٤) إِنَّ عِبَادِي لَيْسَ لَكَ عَلَيْهِمْ سُلْطَانٌ وَكَفَى بِرَبِّكَ وَكِيلًا (٦٥) رَبُّكُمُ الَّذِي يُزْجِي لَكُمُ الْفُلْكَ فِي الْبَحْرِ لِتَبْتَغُوا مِن فَضْلِهِ إِنَّهُ كَانَ بِكُمْ رَحِيمًا (٦٦) وَإِذَا مَسَّكُمُ الضُّرُّ فِي الْبَحْرِ

ضَلَّ مَنْ تَدْعُونَ إِلَّا إِيَّاهُ فَلَمَّا

نَجَّاكُمْ إِلَى الْبَرِّ أَعْرَضْتُمْ وَكَانَ

الْإِنْسَانُ كَفُورًا ﴿٦٧﴾ أَفَأَمِنْتُمْ أَنْ

يَخْسِفَ بِكُمْ جَانِبَ الْبَرِّ أَوْ يُرْسِلَ

عَلَيْكُمْ حَاصِبًا ثُمَّ لَا تَجِدُوا لَكُمْ

وَكِيلًا ﴿٦٨﴾ أَمْ أَمِنْتُمْ أَنْ يُعِيدَكُمْ

فِيهِ تَارَةً أُخْرَى فَيُرْسِلَ عَلَيْكُمْ

قَاصِفًا مِنَ الرِّيحِ فَيُغْرِقَكُمْ بِمَا

كَفَرْتُمْ ثُمَّ لَا تَجِدُوا لَكُمْ

عَلَيْنَا بِهِ تَبِيعًا ﴿٦٩﴾ وَلَقَدْ كَرَّمْنَا
بَنِي آدَمَ وَحَمَلْنَاهُمْ فِي الْبَرِّ وَالْبَحْرِ
وَرَزَقْنَاهُم مِّنَ الطَّيِّبَاتِ وَفَضَّلْنَاهُمْ
عَلَىٰ كَثِيرٍ مِّمَّنْ خَلَقْنَا تَفْضِيلًا
﴿٧٠﴾ يَوْمَ نَدْعُو كُلَّ أُنَاسٍ بِإِمَامِهِمْ
فَمَنْ أُوتِيَ كِتَابَهُ بِيَمِينِهِ فَأُولَٰئِكَ
يَقْرَءُونَ كِتَابَهُمْ وَلَا يُظْلَمُونَ فَتِيلًا
﴿٧١﴾ وَمَن كَانَ فِي هَٰذِهِ أَعْمَىٰ فَهُوَ
فِي الْآخِرَةِ أَعْمَىٰ

وَأَضَلُّ سَبِيلًا ﴿٧٢﴾ وَإِن كَادُوا لَيَفْتِنُونَكَ عَنِ الَّذِي أَوْحَيْنَا إِلَيْكَ لِتَفْتَرِيَ عَلَيْنَا غَيْرَهُ وَإِذًا لَّاتَّخَذُوكَ خَلِيلًا ﴿٧٣﴾ وَلَوْلَا أَن ثَبَّتْنَاكَ لَقَدْ كِدتَّ تَرْكَنُ إِلَيْهِمْ شَيْئًا قَلِيلًا ﴿٧٤﴾ إِذًا لَّأَذَقْنَاكَ ضِعْفَ الْحَيَاةِ وَضِعْفَ الْمَمَاتِ ثُمَّ لَا تَجِدُ لَكَ عَلَيْنَا نَصِيرًا ﴿٧٥﴾ وَإِن كَادُوا لَيَسْتَفِزُّونَكَ مِنَ الْأَرْضِ لِيُخْرِجُوكَ

مِنْهَا وَإِذًا لَا يَلْبَثُونَ خِلَافَكَ إِلَّا قَلِيلًا (٧٦) سُنَّةَ مَنْ قَدْ أَرْسَلْنَا قَبْلَكَ مِنْ رُسُلِنَا وَلَا تَجِدُ لِسُنَّتِنَا تَحْوِيلًا (٧٧) أَقِمِ الصَّلَاةَ لِدُلُوكِ الشَّمْسِ إِلَى غَسَقِ اللَّيْلِ وَقُرْآنَ الْفَجْرِ إِنَّ قُرْآنَ الْفَجْرِ كَانَ مَشْهُودًا (٧٨) وَمِنَ اللَّيْلِ فَتَهَجَّدْ بِهِ نَافِلَةً لَكَ عَسَى أَنْ يَبْعَثَكَ رَبُّكَ مَقَامًا مَحْمُودًا (٧٩)

وَقُل رَّبِّ أَدْخِلْنِي مُدْخَلَ صِدْقٍ
وَأَخْرِجْنِي مُخْرَجَ صِدْقٍ وَاجْعَل
لِّي مِن لَّدُنكَ سُلْطَانًا نَّصِيرًا (٨٠)
وَقُلْ جَاءَ الْحَقُّ وَزَهَقَ الْبَاطِلُ إِنَّ
الْبَاطِلَ كَانَ زَهُوقًا (٨١) وَنُنَزِّلُ
مِنَ الْقُرْآنِ مَا هُوَ شِفَاءٌ وَرَحْمَةٌ
لِّلْمُؤْمِنِينَ وَلَا يَزِيدُ الظَّالِمِينَ إِلَّا
خَسَارًا (٨٢) وَإِذَا أَنْعَمْنَا عَلَى
الْإِنسَانِ أَعْرَضَ وَنَأَىٰ بِجَانِبِهِ

وَإِذَا مَسَّهُ الشَّرُّ كَانَ يَئُوسًا ﴿٨٣﴾

قُلْ كُلٌّ يَعْمَلُ عَلَىٰ شَاكِلَتِهِ فَرَبُّكُمْ

أَعْلَمُ بِمَنْ هُوَ أَهْدَىٰ سَبِيلًا ﴿٨٤﴾

وَيَسْأَلُونَكَ عَنِ الرُّوحِ قُلِ الرُّوحُ

مِنْ أَمْرِ رَبِّي وَمَا أُوتِيتُم مِّنَ الْعِلْمِ

إِلَّا قَلِيلًا ﴿٨٥﴾ وَلَئِن شِئْنَا لَنَذْهَبَنَّ

بِالَّذِي أَوْحَيْنَا إِلَيْكَ ثُمَّ لَا تَجِدُ لَكَ

بِهِ عَلَيْنَا وَكِيلًا ﴿٨٦﴾ إِلَّا رَحْمَةً مِّن

رَّبِّكَ

إِنَّ فَضْلَهُ كَانَ عَلَيْكَ كَبِيرًا ﴿٨٧﴾

قُلْ لَئِنِ اجْتَمَعَتِ الْإِنْسُ وَالْجِنُّ

عَلَىٰ أَنْ يَأْتُوا بِمِثْلِ هَٰذَا الْقُرْآنِ لَا

يَأْتُونَ بِمِثْلِهِ وَلَوْ كَانَ بَعْضُهُمْ

لِبَعْضٍ ظَهِيرًا ﴿٨٨﴾ وَلَقَدْ صَرَّفْنَا

لِلنَّاسِ فِي هَٰذَا الْقُرْآنِ مِنْ كُلِّ

مَثَلٍ فَأَبَىٰ أَكْثَرُ النَّاسِ إِلَّا كُفُورًا

﴿٨٩﴾ وَقَالُوا لَنْ نُؤْمِنَ لَكَ حَتَّىٰ

تَفْجُرَ لَنَا مِنَ الْأَرْضِ يَنْبُوعًا ﴿٩٠﴾

أَوْ تَكُونَ لَكَ جَنَّةٌ مِنْ نَخِيلٍ وَعِنَبٍ

فَتُفَجِّرَ الْأَنْهَارَ خِلَالَهَا تَفْجِيرًا ﴿٩١﴾

أَوْ تُسْقِطَ السَّمَاءَ كَمَا زَعَمْتَ عَلَيْنَا

كِسَفًا أَوْ تَأْتِيَ بِاللَّهِ وَالْمَلَائِكَةِ

قَبِيلًا ﴿٩٢﴾ أَوْ يَكُونَ لَكَ بَيْتٌ مِنْ

زُخْرُفٍ أَوْ تَرْقَى فِي السَّمَاءِ وَلَنْ

نُؤْمِنَ لِرُقِيِّكَ حَتَّى تُنَزِّلَ عَلَيْنَا

كِتَابًا نَقْرَؤُهُ قُلْ سُبْحَانَ رَبِّي هَلْ

كُنْتُ إِلَّا بَشَرًا رَسُولًا ﴿٩٣﴾

وَمَا مَنَعَ النَّاسَ أَنْ يُؤْمِنُوا إِذْ
جَاءَهُمُ الْهُدَى إِلَّا أَنْ قَالُوا أَبَعَثَ
اللَّهُ بَشَرًا رَسُولًا (٩٤) قُلْ لَوْ كَانَ
فِي الْأَرْضِ مَلَائِكَةٌ يَمْشُونَ
مُطْمَئِنِّينَ لَنَزَّلْنَا عَلَيْهِمْ مِنَ السَّمَاءِ
مَلَكًا رَسُولًا (٩٥) قُلْ كَفَى بِاللَّهِ
شَهِيدًا بَيْنِي وَبَيْنَكُمْ إِنَّهُ كَانَ
بِعِبَادِهِ خَبِيرًا بَصِيرًا (٩٦) وَمَنْ
يَهْدِ اللَّهُ فَهُوَ الْمُهْتَدِ

وَمَن يُضْلِلْ فَلَن تَجِدَ لَهُمْ أَوْلِيَاءَ
مِن دُونِهِ ۖ وَنَحْشُرُهُمْ يَوْمَ الْقِيَامَةِ
عَلَىٰ وُجُوهِهِمْ عُمْيًا وَبُكْمًا وَصُمًّا ۖ
مَّأْوَاهُمْ جَهَنَّمُ ۖ كُلَّمَا خَبَتْ زِدْنَاهُمْ
سَعِيرًا ﴿٩٧﴾ ذَٰلِكَ جَزَاؤُهُم بِأَنَّهُمْ
كَفَرُوا بِآيَاتِنَا وَقَالُوا أَإِذَا كُنَّا
عِظَامًا وَرُفَاتًا أَإِنَّا لَمَبْعُوثُونَ خَلْقًا
جَدِيدًا ﴿٩٨﴾ أَوَلَمْ يَرَوْا أَنَّ اللَّهَ
الَّذِي خَلَقَ السَّمَاوَاتِ وَالْأَرْضَ

قَادِرٌ عَلَى أَن يَخْلُقَ مِثْلَهُمْ وَجَعَلَ
لَهُمْ أَجَلًا لَّا رَيْبَ فِيهِ فَأَبَى الظَّالِمُونَ
إِلَّا كُفُورًا ﴿٩٩﴾ قُل لَّوْ أَنتُمْ تَمْلِكُونَ
خَزَائِنَ رَحْمَةِ رَبِّي إِذًا لَّأَمْسَكْتُمْ
خَشْيَةَ الْإِنفَاقِ وَكَانَ الْإِنسَانُ قَتُورًا
﴿١٠٠﴾ وَلَقَدْ آتَيْنَا مُوسَى تِسْعَ آيَاتٍ
بَيِّنَاتٍ فَاسْأَلْ بَنِي إِسْرَائِيلَ إِذْ
جَاءَهُمْ فَقَالَ لَهُ فِرْعَوْنُ إِنِّي لَأَظُنُّكَ
يَا مُوسَى مَسْحُورًا ﴿١٠١﴾

قَالَ لَقَدْ عَلِمْتَ مَا أَنْزَلَ هَؤُلَاءِ إِلَّا

رَبُّ السَّمَاوَاتِ وَالْأَرْضِ بَصَائِرَ

وَإِنِّي لَأَظُنُّكَ يَا فِرْعَوْنُ مَثْبُورًا

(١٠٢) فَأَرَادَ أَنْ يَسْتَفِزَّهُمْ مِنَ

الْأَرْضِ فَأَغْرَقْنَاهُ وَمَنْ مَعَهُ جَمِيعًا

(١٠٣) وَقُلْنَا مِنْ بَعْدِهِ لِبَنِي

إِسْرَائِيلَ اسْكُنُوا الْأَرْضَ فَإِذَا جَاءَ

وَعْدُ الْآخِرَةِ جِئْنَا بِكُمْ لَفِيفًا

(١٠٤)

وَبِالْحَقِّ أَنزَلْنَاهُ وَبِالْحَقِّ نَزَلَ وَمَا أَرْسَلْنَاكَ إِلَّا مُبَشِّرًا وَنَذِيرًا ﴿١٠٥﴾ وَقُرْآنًا فَرَقْنَاهُ لِتَقْرَأَهُ عَلَى النَّاسِ عَلَى مُكْثٍ وَنَزَّلْنَاهُ تَنزِيلًا ﴿١٠٦﴾ قُلْ آمِنُوا بِهِ أَوْ لَا تُؤْمِنُوا إِنَّ الَّذِينَ أُوتُوا الْعِلْمَ مِن قَبْلِهِ إِذَا يُتْلَى عَلَيْهِمْ يَخِرُّونَ لِلْأَذْقَانِ سُجَّدًا ﴿١٠٧﴾ وَيَقُولُونَ سُبْحَانَ رَبِّنَا إِن كَانَ وَعْدُ رَبِّنَا لَمَفْعُولًا ﴿١٠٨﴾

وَيَخِرُّونَ لِلْأَذْقَانِ يَبْكُونَ وَيَزِيدُهُمْ خُشُوعًا ﴿١٠٩﴾ قُلِ ادْعُوا اللَّهَ أَوِ ادْعُوا الرَّحْمَٰنَ أَيًّا مَّا تَدْعُوا فَلَهُ الْأَسْمَاءُ الْحُسْنَىٰ وَلَا تَجْهَرْ بِصَلَاتِكَ وَلَا تُخَافِتْ بِهَا وَابْتَغِ بَيْنَ ذَٰلِكَ سَبِيلًا ﴿١١٠﴾ وَقُلِ الْحَمْدُ لِلَّهِ الَّذِي لَمْ يَتَّخِذْ وَلَدًا وَلَمْ يَكُن لَّهُ شَرِيكٌ فِي الْمُلْكِ وَلَمْ يَكُن لَّهُ وَلِيٌّ مِّنَ الذُّلِّ وَكَبِّرْهُ تَكْبِيرًا ﴿١١١﴾

٠١٨ سُورَةُ الْكَهْفِ

بِسْمِ اللَّهِ الرَّحْمَٰنِ الرَّحِيمِ

الْحَمْدُ لِلَّهِ الَّذِي أَنْزَلَ عَلَىٰ عَبْدِهِ الْكِتَابَ وَلَمْ يَجْعَل لَّهُ عِوَجًا (١) قَيِّمًا لِيُنْذِرَ بَأْسًا شَدِيدًا مِنْ لَدُنْهُ وَيُبَشِّرَ الْمُؤْمِنِينَ الَّذِينَ يَعْمَلُونَ الصَّالِحَاتِ أَنَّ لَهُمْ أَجْرًا حَسَنًا (٢) مَاكِثِينَ فِيهِ أَبَدًا (٣)

وَيُنذِرَ الَّذِينَ قَالُوا اتَّخَذَ اللَّهُ وَلَدًا (٤) مَّا لَهُم بِهِ مِنْ عِلْمٍ وَلَا لِآبَائِهِمْ ۚ كَبُرَتْ كَلِمَةً تَخْرُجُ مِنْ أَفْوَاهِهِمْ ۚ إِن يَقُولُونَ إِلَّا كَذِبًا (٥) فَلَعَلَّكَ بَاخِعٌ نَّفْسَكَ عَلَىٰ آثَارِهِمْ إِن لَّمْ يُؤْمِنُوا بِهَٰذَا الْحَدِيثِ أَسَفًا (٦) إِنَّا جَعَلْنَا مَا عَلَى الْأَرْضِ زِينَةً لَّهَا لِنَبْلُوَهُمْ أَيُّهُمْ أَحْسَنُ عَمَلًا (٧)

وَإِنَّا لَجَاعِلُونَ مَا عَلَيْهَا صَعِيدًا
جُرُزًا (٨) أَمْ حَسِبْتَ أَنَّ أَصْحَابَ
الْكَهْفِ وَالرَّقِيمِ كَانُوا مِنْ آيَاتِنَا
عَجَبًا (٩) إِذْ أَوَى الْفِتْيَةُ إِلَى
الْكَهْفِ فَقَالُوا رَبَّنَا آتِنَا مِن لَّدُنْكَ
رَحْمَةً وَهَيِّئْ لَنَا مِنْ أَمْرِنَا رَشَدًا
(١٠) فَضَرَبْنَا عَلَى آذَانِهِمْ فِي
الْكَهْفِ سِنِينَ عَدَدًا (١١) ثُمَّ
بَعَثْنَاهُمْ لِنَعْلَمَ أَيُّ الْحِزْبَيْنِ أَحْصَى

لِمَالِثُوا أَمَدًا (١٢) نَحْنُ نَقُصُّ
عَلَيْكَ نَبَأَهُم بِالْحَقِّ إِنَّهُمْ فِتْيَةٌ
آمَنُوا بِرَبِّهِمْ وَزِدْنَاهُمْ هُدًى (١٣)
وَرَبَطْنَا عَلَىٰ قُلُوبِهِمْ إِذْ قَامُوا
فَقَالُوا رَبُّنَا رَبُّ السَّمَاوَاتِ وَالْأَرْضِ
لَن نَّدْعُوَ مِن دُونِهِ إِلَٰهًا لَّقَدْ قُلْنَا إِذًا
شَطَطًا (١٤) هَٰؤُلَاءِ قَوْمُنَا اتَّخَذُوا
مِن دُونِهِ آلِهَةً لَّوْلَا يَأْتُونَ عَلَيْهِم
بِسُلْطَانٍ بَيِّنٍ

فَمَنْ أَظْلَمُ مِمَّنِ افْتَرَىٰ عَلَى اللَّهِ كَذِبًا (١٥) وَإِذِ اعْتَزَلْتُمُوهُمْ وَمَا يَعْبُدُونَ إِلَّا اللَّهَ فَأْوُوا إِلَى الْكَهْفِ يَنْشُرْ لَكُمْ رَبُّكُمْ مِنْ رَحْمَتِهِ وَيُهَيِّئْ لَكُمْ مِنْ أَمْرِكُمْ مِرْفَقًا (١٦) وَتَرَى الشَّمْسَ إِذَا طَلَعَتْ تَزَاوَرُ عَنْ كَهْفِهِمْ ذَاتَ الْيَمِينِ وَإِذَا غَرَبَتْ تَقْرِضُهُمْ ذَاتَ الشِّمَالِ وَهُمْ فِي فَجْوَةٍ مِنْهُ

ذَلِكَ مِنْ آيَاتِ اللَّهِ مَنْ يَهْدِ اللَّهُ

فَهُوَ الْمُهْتَدِ وَمَنْ يُضْلِلْ فَلَنْ تَجِدَ

لَهُ وَلِيًّا مُرْشِدًا ﴿١٧﴾ وَتَحْسَبُهُمْ

أَيْقَاظًا وَهُمْ رُقُودٌ وَنُقَلِّبُهُمْ ذَاتَ

الْيَمِينِ وَذَاتَ الشِّمَالِ وَكَلْبُهُمْ

بَاسِطٌ ذِرَاعَيْهِ بِالْوَصِيدِ لَوِ اطَّلَعْتَ

عَلَيْهِمْ لَوَلَّيْتَ مِنْهُمْ فِرَارًا وَلَمُلِئْتَ

مِنْهُمْ رُعْبًا ﴿١٨﴾ وَكَذَلِكَ بَعَثْنَاهُمْ

لِيَتَسَاءَلُوا بَيْنَهُمْ

قَالَ قَائِلٌ مِّنْهُمْ كَمْ لَبِثْتُمْ قَالُوا لَبِثْنَا يَوْمًا أَوْ بَعْضَ يَوْمٍ قَالُوا رَبُّكُمْ أَعْلَمُ بِمَا لَبِثْتُمْ فَابْعَثُوا أَحَدَكُم بِوَرِقِكُمْ هَذِهِ إِلَى الْمَدِينَةِ فَلْيَنظُرْ أَيُّهَا أَزْكَى طَعَامًا فَلْيَأْتِكُم بِرِزْقٍ مِّنْهُ وَلْيَتَلَطَّفْ وَلَا يُشْعِرَنَّ بِكُمْ أَحَدًا ﴿١٩﴾ إِنَّهُمْ إِن يَظْهَرُوا عَلَيْكُمْ يَرْجُمُوكُمْ أَوْ يُعِيدُوكُمْ فِي مِلَّتِهِمْ وَلَن تُفْلِحُوا إِذًا أَبَدًا ﴿٢٠﴾

وَكَذَٰلِكَ أَعْثَرْنَا عَلَيْهِمْ لِيَعْلَمُوا أَنَّ

وَعْدَ اللَّهِ حَقٌّ وَأَنَّ السَّاعَةَ لَا رَيْبَ

فِيهَا إِذْ يَتَنَازَعُونَ بَيْنَهُمْ أَمْرَهُمْ

فَقَالُوا ابْنُوا عَلَيْهِم بُنْيَانًا رَبُّهُم

أَعْلَمُ بِهِمْ قَالَ الَّذِينَ غَلَبُوا عَلَىٰ

أَمْرِهِمْ لَنَتَّخِذَنَّ عَلَيْهِم مَّسْجِدًا

(٢١) سَيَقُولُونَ ثَلَاثَةٌ رَّابِعُهُمْ

كَلْبُهُمْ وَيَقُولُونَ خَمْسَةٌ سَادِسُهُمْ

كَلْبُهُمْ رَجْمًا بِالْغَيْبِ

وَيَقُولُونَ سَبْعَةٌ وَثَامِنُهُمْ كَلْبُهُمْ قُل
رَّبِّي أَعْلَمُ بِعِدَّتِهِم مَّا يَعْلَمُهُمْ إِلَّا
قَلِيلٌ فَلَا تُمَارِ فِيهِمْ إِلَّا مِرَاءً ظَاهِرًا
وَلَا تَسْتَفْتِ فِيهِم مِّنْهُمْ أَحَدًا (٢٢)
وَلَا تَقُولَنَّ لِشَيْءٍ إِنِّي فَاعِلٌ ذَٰلِكَ
غَدًا (٢٣) إِلَّا أَن يَشَاءَ اللَّهُ وَاذْكُر
رَّبَّكَ إِذَا نَسِيتَ وَقُل عَسَىٰ أَن
يَهْدِيَنِ رَبِّي لِأَقْرَبَ مِنْ هَٰذَا رَشَدًا
(٢٤)

وَلَبِثُوا فِي كَهْفِهِمْ ثَلَاثَ مِائَةٍ سِنِينَ

وَازْدَادُوا تِسْعًا (٢٥) قُلِ اللَّهُ أَعْلَمُ

بِمَا لَبِثُوا لَهُ غَيْبُ السَّمَاوَاتِ

وَالْأَرْضِ أَبْصِرْ بِهِ وَأَسْمِعْ مَا لَهُمْ

مِنْ دُونِهِ مِنْ وَلِيٍّ وَلَا يُشْرِكُ فِي

حُكْمِهِ أَحَدًا (٢٦) وَاتْلُ مَا أُوحِيَ

إِلَيْكَ مِنْ كِتَابِ رَبِّكَ لَا مُبَدِّلَ

لِكَلِمَاتِهِ وَلَنْ تَجِدَ مِنْ دُونِهِ

مُلْتَحَدًا (٢٧)

وَاصْبِرْ نَفْسَكَ مَعَ الَّذِينَ يَدْعُونَ

رَبَّهُم بِالْغَدَاةِ وَالْعَشِيِّ يُرِيدُونَ

وَجْهَهُ وَلَا تَعْدُ عَيْنَاكَ عَنْهُمْ تُرِيدُ

زِينَةَ الْحَيَاةِ الدُّنْيَا وَلَا تُطِعْ مَنْ

أَغْفَلْنَا قَلْبَهُ عَن ذِكْرِنَا وَاتَّبَعَ هَوَاهُ

وَكَانَ أَمْرُهُ فُرُطًا ﴿٢٨﴾ وَقُلِ الْحَقُّ

مِن رَّبِّكُمْ فَمَن شَاءَ فَلْيُؤْمِن وَمَن

شَاءَ فَلْيَكْفُرْ إِنَّا أَعْتَدْنَا لِلظَّالِمِينَ

نَارًا أَحَاطَ بِهِمْ سُرَادِقُهَا

وَإِن يَسْتَغِيثُوا يُغَاثُوا بِمَاءٍ كَالْمُهْلِ

يَشْوِى الْوُجُوهَ بِئْسَ الشَّرَابُ

وَسَاءَتْ مُرْتَفَقًا ﴿٢٩﴾ إِنَّ الَّذِينَ

آمَنُوا وَعَمِلُوا الصَّالِحَاتِ إِنَّا لَا

نُضِيعُ أَجْرَ مَنْ أَحْسَنَ عَمَلًا ﴿٣٠﴾

أُولَٰئِكَ لَهُمْ جَنَّاتُ عَدْنٍ تَجْرِي مِن

تَحْتِهِمُ الْأَنْهَارُ يُحَلَّوْنَ فِيهَا مِنْ

أَسَاوِرَ مِن ذَهَبٍ وَيَلْبَسُونَ ثِيَابًا

خُضْرًا مِّن سُندُسٍ وَإِسْتَبْرَقٍ

مَّتَّكِئِينَ فِيهَا عَلَى الْأَرَائِكِ نِعْمَ

الثَّوَابُ وَحَسُنَتْ مُرْتَفَقًا (٣١)

وَاضْرِبْ لَهُم مَّثَلًا رَّجُلَيْنِ جَعَلْنَا

لِأَحَدِهِمَا جَنَّتَيْنِ مِنْ أَعْنَابٍ

وَحَفَفْنَاهُمَا بِنَخْلٍ وَجَعَلْنَا بَيْنَهُمَا

زَرْعًا (٣٢) كِلْتَا الْجَنَّتَيْنِ آتَتْ

أُكُلَهَا وَلَمْ تَظْلِم مِّنْهُ شَيْئًا وَفَجَّرْنَا

خِلَالَهُمَا نَهَرًا (٣٣) وَكَانَ لَهُ ثَمَرٌ

فَقَالَ لِصَاحِبِهِ وَهُوَ يُحَاوِرُهُ

أَنَا أَكْثَرُ مِنْكَ مَالًا وَأَعَزُّ نَفَرًا (٣٤)

وَدَخَلَ جَنَّتَهُ وَهُوَ ظَالِمٌ لِنَفْسِهِ قَالَ

مَا أَظُنُّ أَنْ تَبِيدَ هَذِهِ أَبَدًا (٣٥)

وَمَا أَظُنُّ السَّاعَةَ قَائِمَةً وَلَئِنْ

رُدِدْتُ إِلَى رَبِّي لَأَجِدَنَّ خَيْرًا مِنْهَا

مُنْقَلَبًا (٣٦) قَالَ لَهُ صَاحِبُهُ وَهُوَ

يُحَاوِرُهُ أَكَفَرْتَ بِالَّذِي خَلَقَكَ مِنْ

تُرَابٍ ثُمَّ مِنْ نُطْفَةٍ ثُمَّ سَوَّاكَ رَجُلًا

(٣٧)

لَّكِنَّا۠ هُوَ ٱللَّهُ رَبِّى وَلَآ أُشۡرِكُ بِرَبِّىٓ أَحَدًا ﴿٣٨﴾ وَلَوۡلَآ إِذۡ دَخَلۡتَ جَنَّتَكَ قُلۡتَ مَا شَآءَ ٱللَّهُ لَا قُوَّةَ إِلَّا بِٱللَّهِ ۚ إِن تَرَنِ أَنَا۠ أَقَلَّ مِنكَ مَالًا وَوَلَدًا ﴿٣٩﴾ فَعَسَىٰ رَبِّىٓ أَن يُؤۡتِيَنِ خَيۡرًا مِّن جَنَّتِكَ وَيُرۡسِلَ عَلَيۡهَا حُسۡبَانًا مِّنَ ٱلسَّمَآءِ فَتُصۡبِحَ صَعِيدًا زَلَقًا ﴿٤٠﴾ أَوۡ يُصۡبِحَ مَآؤُهَا غَوۡرًا فَلَن تَسۡتَطِيعَ لَهُۥ طَلَبًا ﴿٤١﴾

وَأُحِيطَ بِثَمَرِهِ فَأَصْبَحَ يُقَلِّبُ كَفَّيْهِ

عَلَىٰ مَا أَنْفَقَ فِيهَا وَهِيَ خَاوِيَةٌ

عَلَىٰ عُرُوشِهَا وَيَقُولُ يَا لَيْتَنِي لَمْ

أُشْرِكْ بِرَبِّي أَحَدًا ﴿٤٢﴾ وَلَمْ تَكُن

لَّهُ فِئَةٌ يَنصُرُونَهُ مِن دُونِ اللَّهِ وَمَا

كَانَ مُنتَصِرًا ﴿٤٣﴾ هُنَالِكَ الْوَلَايَةُ

لِلَّهِ الْحَقِّ هُوَ خَيْرٌ ثَوَابًا وَخَيْرٌ عُقْبًا

﴿٤٤﴾ وَاضْرِبْ لَهُم مَّثَلَ الْحَيَاةِ

الدُّنْيَا كَمَاءٍ أَنزَلْنَاهُ مِنَ السَّمَاءِ

فَٱخۡتَلَطَ بِهِۦ نَبَاتُ ٱلۡأَرۡضِ فَأَصۡبَحَ هَشِيمࣰا تَذۡرُوهُ ٱلرِّيَٰحُ وَكَانَ ٱللَّهُ عَلَىٰ كُلِّ شَيۡءࣲ مُّقۡتَدِرًا (٤٥) ٱلۡمَالُ وَٱلۡبَنُونَ زِينَةُ ٱلۡحَيَوٰةِ ٱلدُّنۡيَا وَٱلۡبَٰقِيَٰتُ ٱلصَّٰلِحَٰتُ خَيۡرٌ عِندَ رَبِّكَ ثَوَابࣰا وَخَيۡرٌ أَمَلࣰا (٤٦) وَيَوۡمَ نُسَيِّرُ ٱلۡجِبَالَ وَتَرَى ٱلۡأَرۡضَ بَارِزَةࣰ وَحَشَرۡنَٰهُمۡ فَلَمۡ نُغَادِرۡ مِنۡهُمۡ أَحَدࣰا (٤٧) وَعُرِضُوا۟ عَلَىٰ رَبِّكَ صَفًّا

لَقَدْ جِئْتُمُونَا كَمَا خَلَقْنَاكُمْ أَوَّلَ

مَرَّةٍ بَلْ زَعَمْتُمْ أَلَّنْ نَجْعَلَ لَكُمْ

مَوْعِدًا ﴿٤٨﴾ وَوُضِعَ الْكِتَابُ فَتَرَى

الْمُجْرِمِينَ مُشْفِقِينَ مِمَّا فِيهِ

وَيَقُولُونَ يَا وَيْلَتَنَا مَالِ هَٰذَا

الْكِتَابِ لَا يُغَادِرُ صَغِيرَةً وَلَا كَبِيرَةً

إِلَّا أَحْصَاهَا وَوَجَدُوا مَا عَمِلُوا

حَاضِرًا وَلَا يَظْلِمُ رَبُّكَ أَحَدًا ﴿٤٩﴾

وَإِذْ قُلْنَا لِلْمَلَائِكَةِ اسْجُدُوا لِآدَمَ

فَسَجَدُوا إِلَّا إِبْلِيسَ كَانَ مِنَ الْجِنِّ فَفَسَقَ عَنْ أَمْرِ رَبِّهِ أَفَتَتَّخِذُونَهُ وَذُرِّيَّتَهُ أَوْلِيَاءَ مِن دُونِي وَهُمْ لَكُمْ عَدُوٌّ بِئْسَ لِلظَّالِمِينَ بَدَلًا (٥٠) مَا أَشْهَدتُّهُمْ خَلْقَ السَّمَاوَاتِ وَالْأَرْضِ وَلَا خَلْقَ أَنفُسِهِمْ وَمَا كُنتُ مُتَّخِذَ الْمُضِلِّينَ عَضُدًا (٥١) وَيَوْمَ يَقُولُ نَادُوا شُرَكَائِيَ الَّذِينَ زَعَمْتُمْ فَدَعَوْهُمْ فَلَمْ يَسْتَجِيبُوا لَهُم

وَجَعَلْنَا بَيْنَهُمْ مَوْبِقًا ﴿٥٢﴾ وَرَأَى الْمُجْرِمُونَ النَّارَ فَظَنُّوا أَنَّهُمْ مُوَاقِعُوهَا وَلَمْ يَجِدُوا عَنْهَا مَصْرِفًا ﴿٥٣﴾ وَلَقَدْ صَرَّفْنَا فِي هَذَا الْقُرْآنِ لِلنَّاسِ مِنْ كُلِّ مَثَلٍ وَكَانَ الْإِنْسَانُ أَكْثَرَ شَيْءٍ جَدَلًا ﴿٥٤﴾ وَمَا مَنَعَ النَّاسَ أَنْ يُؤْمِنُوا إِذْ جَاءَهُمُ الْهُدَى وَيَسْتَغْفِرُوا رَبَّهُمْ إِلَّا أَنْ تَأْتِيَهُمْ سُنَّةُ الْأَوَّلِينَ أَوْ يَأْتِيَهُمُ الْعَذَابُ قُبُلًا ﴿٥٥﴾

وَمَا نُرْسِلُ الْمُرْسَلِينَ إِلَّا مُبَشِّرِينَ

وَمُنذِرِينَ وَيُجَادِلُ الَّذِينَ كَفَرُوا

بِالْبَاطِلِ لِيُدْحِضُوا بِهِ الْحَقَّ

وَاتَّخَذُوا آيَاتِي وَمَا أُنذِرُوا هُزُوًا

(٥٦) وَمَنْ أَظْلَمُ مِمَّن ذُكِّرَ بِآيَاتِ

رَبِّهِ فَأَعْرَضَ عَنْهَا وَنَسِيَ مَا قَدَّمَتْ

يَدَاهُ إِنَّا جَعَلْنَا عَلَى قُلُوبِهِمْ أَكِنَّةً

أَن يَفْقَهُوهُ وَفِي آذَانِهِمْ وَقْرًا وَإِن

تَدْعُهُمْ إِلَى الْهُدَى

فَلَن يَهْتَدُوا إِذًا أَبَدًا (٥٧) وَرَبُّكَ الْغَفُورُ ذُو الرَّحْمَةِ لَوْ يُؤَاخِذُهُم بِمَا كَسَبُوا لَعَجَّلَ لَهُمُ الْعَذَابَ بَل لَّهُم مَّوْعِدٌ لَّن يَجِدُوا مِن دُونِهِ مَوْئِلًا (٥٨) وَتِلْكَ الْقُرَى أَهْلَكْنَاهُمْ لَمَّا ظَلَمُوا وَجَعَلْنَا لِمَهْلِكِهِم مَّوْعِدًا (٥٩) وَإِذْ قَالَ مُوسَى لِفَتَاهُ لَا أَبْرَحُ حَتَّى أَبْلُغَ مَجْمَعَ الْبَحْرَيْنِ أَوْ أَمْضِيَ حُقُبًا (٦٠)

فَلَمَّا بَلَغَا مَجْمَعَ بَيْنِهِمَا نَسِيَا حُوتَهُمَا فَاتَّخَذَ سَبِيلَهُ فِي الْبَحْرِ سَرَبًا ﴿٦١﴾ فَلَمَّا جَاوَزَا قَالَ لِفَتَاهُ آتِنَا غَدَاءَنَا لَقَدْ لَقِينَا مِنْ سَفَرِنَا هَذَا نَصَبًا ﴿٦٢﴾ قَالَ أَرَأَيْتَ إِذْ أَوَيْنَا إِلَى الصَّخْرَةِ فَإِنِّي نَسِيتُ الْحُوتَ وَمَا أَنْسَانِيهُ إِلَّا الشَّيْطَانُ أَنْ أَذْكُرَهُ وَاتَّخَذَ سَبِيلَهُ فِي الْبَحْرِ عَجَبًا ﴿٦٣﴾

قَالَ ذَٰلِكَ مَا كُنَّا نَبْغِ فَارْتَدَّا عَلَىٰ آثَارِهِمَا قَصَصًا (٦٤) فَوَجَدَا عَبْدًا مِّنْ عِبَادِنَا آتَيْنَاهُ رَحْمَةً مِّنْ عِندِنَا وَعَلَّمْنَاهُ مِن لَّدُنَّا عِلْمًا (٦٥) قَالَ لَهُ مُوسَىٰ هَلْ أَتَّبِعُكَ عَلَىٰ أَن تُعَلِّمَنِ مِمَّا عُلِّمْتَ رُشْدًا (٦٦) قَالَ إِنَّكَ لَن تَسْتَطِيعَ مَعِيَ صَبْرًا (٦٧) وَكَيْفَ تَصْبِرُ عَلَىٰ مَا لَمْ تُحِطْ بِهِ خُبْرًا (٦٨)

قَالَ سَتَجِدُنِي إِنْ شَاءَ اللَّهُ صَابِرًا وَلَا أَعْصِي لَكَ أَمْرًا ﴿٦٩﴾ قَالَ فَإِنِ اتَّبَعْتَنِي فَلَا تَسْأَلْنِي عَنْ شَيْءٍ حَتَّى أُحْدِثَ لَكَ مِنْهُ ذِكْرًا ﴿٧٠﴾ فَانْطَلَقَا حَتَّى إِذَا رَكِبَا فِي السَّفِينَةِ خَرَقَهَا قَالَ أَخَرَقْتَهَا لِتُغْرِقَ أَهْلَهَا لَقَدْ جِئْتَ شَيْئًا إِمْرًا ﴿٧١﴾ قَالَ أَلَمْ أَقُلْ إِنَّكَ لَنْ تَسْتَطِيعَ مَعِيَ صَبْرًا ﴿٧٢﴾

قَالَ لَا تُؤَاخِذْنِي بِمَا نَسِيتُ وَلَا تُرْهِقْنِي مِنْ أَمْرِي عُسْرًا ﴿٧٣﴾ فَانْطَلَقَا حَتَّى إِذَا لَقِيَا غُلَامًا فَقَتَلَهُ قَالَ أَقَتَلْتَ نَفْسًا زَكِيَّةً بِغَيْرِ نَفْسٍ لَقَدْ جِئْتَ شَيْئًا نُكْرًا ﴿٧٤﴾ قَالَ أَلَمْ أَقُلْ لَكَ إِنَّكَ لَنْ تَسْتَطِيعَ مَعِيَ صَبْرًا ﴿٧٥﴾ قَالَ إِنْ سَأَلْتُكَ عَنْ شَيْءٍ بَعْدَهَا فَلَا تُصَاحِبْنِي قَدْ بَلَغْتَ مِنْ لَدُنِّي عُذْرًا ﴿٧٦﴾

فَانطَلَقَا حَتَّىٰ إِذَا أَتَيَا أَهْلَ قَرْيَةٍ

اسْتَطْعَمَا أَهْلَهَا فَأَبَوْا أَن يُضَيِّفُوهُمَا

فَوَجَدَا فِيهَا جِدَارًا يُرِيدُ أَن يَنقَضَّ

فَأَقَامَهُ قَالَ لَوْ شِئْتَ لَاتَّخَذْتَ عَلَيْهِ

أَجْرًا (٧٧) قَالَ هَٰذَا فِرَاقُ بَيْنِي

وَبَيْنِكَ سَأُنَبِّئُكَ بِتَأْوِيلِ مَا لَمْ

تَسْتَطِع عَّلَيْهِ صَبْرًا (٧٨) أَمَّا

السَّفِينَةُ فَكَانَتْ لِمَسَاكِينَ يَعْمَلُونَ

فِي الْبَحْرِ

فَأَرَدْتُ أَنْ أَعِيبَهَا وَكَانَ وَرَاءَهُمْ

مَلِكٌ يَأْخُذُ كُلَّ سَفِينَةٍ غَصْبًا

(٧٩) وَأَمَّا الْغُلَامُ فَكَانَ أَبَوَاهُ

مُؤْمِنَيْنِ فَخَشِينَا أَنْ يُرْهِقَهُمَا

طُغْيَانًا وَكُفْرًا (٨٠) فَأَرَدْنَا أَنْ

يُبْدِلَهُمَا رَبُّهُمَا خَيْرًا مِنْهُ زَكَاةً

وَأَقْرَبَ رُحْمًا (٨١) وَأَمَّا الْجِدَارُ

فَكَانَ لِغُلَامَيْنِ يَتِيمَيْنِ فِي الْمَدِينَةِ

وَكَانَ تَحْتَهُ كَنْزٌ لَهُمَا

وَكَانَ أَبُوهُمَا صَالِحًا فَأَرَادَ رَبُّكَ أَن
يَبْلُغَا أَشُدَّهُمَا وَيَسْتَخْرِجَا كَنزَهُمَا
رَحْمَةً مِّن رَّبِّكَ وَمَا فَعَلْتُهُ عَنْ
أَمْرِي ذَٰلِكَ تَأْوِيلُ مَا لَمْ تَسْطِع
عَّلَيْهِ صَبْرًا (٨٢) وَيَسْأَلُونَكَ عَن
ذِي الْقَرْنَيْنِ قُلْ سَأَتْلُو عَلَيْكُم مِّنْهُ
ذِكْرًا (٨٣) إِنَّا مَكَّنَّا لَهُ فِي الْأَرْضِ
وَآتَيْنَاهُ مِن كُلِّ شَيْءٍ سَبَبًا (٨٤)
فَأَتْبَعَ سَبَبًا (٨٥)

حَتَّى إِذَا بَلَغَ مَغْرِبَ الشَّمْسِ

وَجَدَهَا تَغْرُبُ فِي عَيْنٍ حَمِئَةٍ

وَوَجَدَ عِنْدَهَا قَوْمًا قُلْنَا يَا ذَا

الْقَرْنَيْنِ إِمَّا أَنْ تُعَذِّبَ وَإِمَّا أَنْ

تَتَّخِذَ فِيهِمْ حُسْنًا (٨٦) قَالَ أَمَّا

مَنْ ظَلَمَ فَسَوْفَ نُعَذِّبُهُ ثُمَّ يُرَدُّ إِلَى

رَبِّهِ فَيُعَذِّبُهُ عَذَابًا نُكْرًا (٨٧) وَأَمَّا

مَنْ آمَنَ وَعَمِلَ صَالِحًا فَلَهُ جَزَاءً

الْحُسْنَى

وَسَنَقُولُ لَهُ مِنْ أَمْرِنَا يُسْرًا (٨٨)

ثُمَّ أَتْبَعَ سَبَبًا (٨٩) حَتَّى إِذَا بَلَغَ

مَطْلِعَ الشَّمْسِ وَجَدَهَا تَطْلُعُ عَلَى

قَوْمٍ لَمْ نَجْعَلْ لَهُمْ مِنْ دُونِهَا سِتْرًا

(٩٠) كَذَلِكَ وَقَدْ أَحَطْنَا بِمَا لَدَيْهِ

خُبْرًا (٩١) ثُمَّ أَتْبَعَ سَبَبًا (٩٢)

حَتَّى إِذَا بَلَغَ بَيْنَ السَّدَّيْنِ وَجَدَ مِنْ

دُونِهِمَا قَوْمًا لَا يَكَادُونَ يَفْقَهُونَ

قَوْلًا (٩٣)

قَالُوا يَا ذَا الْقَرْنَيْنِ إِنَّ يَأْجُوجَ
وَمَأْجُوجَ مُفْسِدُونَ فِي الْأَرْضِ
فَهَلْ نَجْعَلُ لَكَ خَرْجًا عَلَى أَن
تَجْعَلَ بَيْنَنَا وَبَيْنَهُمْ سَدًّا (٩٤) قَالَ
مَا مَكَّنِّي فِيهِ رَبِّي خَيْرٌ فَأَعِينُونِي
بِقُوَّةٍ أَجْعَلْ بَيْنَكُمْ وَبَيْنَهُمْ رَدْمًا
(٩٥) آتُونِي زُبَرَ الْحَدِيدِ حَتَّى إِذَا
سَاوَى بَيْنَ الصَّدَفَيْنِ قَالَ انْفُخُوا
حَتَّى إِذَا جَعَلَهُ نَارًا

قَالَ آتُونِي أُفْرِغْ عَلَيْهِ قِطْرًا (٩٦) فَمَا اسْطَاعُوا أَن يَظْهَرُوهُ وَمَا اسْطَاعُوا لَهُ نَقْبًا (٩٧) قَالَ هَٰذَا رَحْمَةٌ مِّن رَّبِّي فَإِذَا جَاءَ وَعْدُ رَبِّي جَعَلَهُ دَكَّاءَ وَكَانَ وَعْدُ رَبِّي حَقًّا (٩٨) وَتَرَكْنَا بَعْضَهُمْ يَوْمَئِذٍ يَمُوجُ فِي بَعْضٍ وَنُفِخَ فِي الصُّورِ فَجَمَعْنَاهُمْ جَمْعًا (٩٩) وَعَرَضْنَا جَهَنَّمَ يَوْمَئِذٍ لِّلْكَافِرِينَ

عَرْضًا ﴿١٠٠﴾ الَّذِينَ كَانَتْ أَعْيُنُهُمْ فِي غِطَاءٍ عَن ذِكْرِي وَكَانُوا لَا يَسْتَطِيعُونَ سَمْعًا ﴿١٠١﴾ أَفَحَسِبَ الَّذِينَ كَفَرُوا أَن يَتَّخِذُوا عِبَادِي مِن دُونِي أَوْلِيَاءَ إِنَّا أَعْتَدْنَا جَهَنَّمَ لِلْكَافِرِينَ نُزُلًا ﴿١٠٢﴾ قُلْ هَلْ نُنَبِّئُكُم بِالْأَخْسَرِينَ أَعْمَالًا ﴿١٠٣﴾ الَّذِينَ ضَلَّ سَعْيُهُمْ فِي الْحَيَاةِ الدُّنْيَا وَهُمْ يَحْسَبُونَ

أَنَّهُمْ يُحْسِنُونَ صُنْعًا ﴿١٠٤﴾ أُولَٰئِكَ الَّذِينَ كَفَرُوا بِآيَاتِ رَبِّهِمْ وَلِقَائِهِ فَحَبِطَتْ أَعْمَالُهُمْ فَلَا نُقِيمُ لَهُمْ يَوْمَ الْقِيَامَةِ وَزْنًا ﴿١٠٥﴾ ذَٰلِكَ جَزَاؤُهُمْ جَهَنَّمُ بِمَا كَفَرُوا وَاتَّخَذُوا آيَاتِي وَرُسُلِي هُزُوًا ﴿١٠٦﴾ إِنَّ الَّذِينَ آمَنُوا وَعَمِلُوا الصَّالِحَاتِ كَانَتْ لَهُمْ جَنَّاتُ الْفِرْدَوْسِ نُزُلًا ﴿١٠٧﴾

خَالِدِينَ فِيهَا لَا يَبْغُونَ عَنْهَا حِوَلًا ﴿١٠٨﴾ قُل لَّوْ كَانَ الْبَحْرُ مِدَادًا لِّكَلِمَاتِ رَبِّي لَنَفِدَ الْبَحْرُ قَبْلَ أَن تَنفَدَ كَلِمَاتُ رَبِّي وَلَوْ جِئْنَا بِمِثْلِهِ مَدَدًا ﴿١٠٩﴾ قُلْ إِنَّمَا أَنَا بَشَرٌ مِّثْلُكُمْ يُوحَىٰ إِلَيَّ أَنَّمَا إِلَٰهُكُمْ إِلَٰهٌ وَاحِدٌ فَمَن كَانَ يَرْجُو لِقَاءَ رَبِّهِ فَلْيَعْمَلْ عَمَلًا صَالِحًا وَلَا يُشْرِكْ بِعِبَادَةِ رَبِّهِ أَحَدًا ﴿١١٠﴾